METS
LES NOUVEAUX ACCORDS
& VINS

2 rue du Colombier - ZA Les Vignettes - 63400 Chamalières
www.editions-bonneton.com
EAN : 978-2-86253-745-0

METS
LES NOUVEAUX ACCORDS
& VINS

- PAR STÉPHANE ALBERTI -

MEILLEUR CAVISTE DE FRANCE

Christine Bonneton

PRÉFACE

Ce livre des nouveaux accords Mets et Vins, vous invite à une balade gourmande revisitée par un jeune caviste talentueux et même mieux, le meilleur caviste de France élu comme tel par ses pairs en 2014.

Les goûts, les modes évoluent. Les recettes d'Escoffier ou bien la vinification des vins d'il y a 80 ans, aussi merveilleux qu'ils aient été, ne correspondent plus à la perception de nos palais.

C'est en suivant l'un de ces « nouveaux accords » que vous découvrirez un profond sentiment de bienveillantes découvertes.
Stéphane Alberti, avec la participation active de son épouse Amandine, sont d'authentiques cavistes et disciples d'Épicure.
Pendant des siècles, le vin était recommandé pour éviter certaines maladies y compris celles de l'âme. Dans sa fameuse lettre à son élève et ami Ménécée, Épicure écrit : « pour soigner les maux de la condition humaine, propose un raisonnement sobre dans la recherche des désirs naturels nécessaires, la faim, la soif mais aussi la philosophie et l'amitié ».

Vous l'avez compris, le cheminement vers le bonheur passe par le bon choix de son alimentation, cela s'appelle l'art de la table. La flore intestinale qui génère notre énergie, se surveille comme le lait sur le feu.
En suivant ces « ordonnances des mets et vins », vous réjouirez vos convives et vous vous enivrerez de joie, d'amour et de poésie.

Yves Legrand
Président du Syndicat des Cavistes Professionnels

LÉGENDE

- △ Effervescent
- ○ Blanc sec
- ○ Rosé
- ○ Rouge
- ⬡ Blanc mœlleux/vin doux naturel/vin de liqueur
- ⬡ Bières et autres
- ⬡ Spiritueux

AVERTISSEMENT

« Sur chaque recette du livre, vous trouverez deux ou trois boissons différentes, avec un coût qui l'est tout autant. Cela vous permettra de trouver votre bonheur en fonction du plat, du moment, et du budget ! »

SOMMAIRE

CAVISTE :
UN MÉTIER PASSION !

Être caviste, c'est avant tout être au service d'une passion. Le caviste n'est pas là pour acheter un vulgaire produit qu'il revendra ensuite : entouré de gens amoureux de leur métier, il est en effet là pour choisir un beau produit, et faire le lien entre le vigneron, son terroir et le consommateur final.

Pour mener à bien cette mission, la chose primordiale est de bien connaître les vignobles français et étrangers, de savoir comment se déroule une vinification, mais aussi de maîtriser les circuits des bières et des spiritueux.

Ensuite, je pense que le lien avec les vignerons est un aspect important de notre métier. La dégustation et l'acte d'achat ne sont pas suffisants. Chaque viticulteur insuffle une partie de son caractère dans ses cuvées, et transmettre cette personnalité à nos clients en boutique est quelque chose de véritablement extraordinaire.

La curiosité doit être le moteur d'un bon caviste : les voyages, les visites dans les vignobles, les lectures... c'est un ensemble de choses qui nous permettent de nous améliorer chaque jour. Chaque millésime est différent, c'est donc un éternel recommencement !
En ce qui concerne la vente en boutique, nous nous devons d'être des « passeurs d'émotions » entre le vigneron et le client. Bien entendu, nous nous concentrons avant tout sur le conseil, les accords mets-vins, nous écoutons et répondons aux attentes de nos clients, respectons les budgets qu'ils nous donnent, mais nous sommes aussi là pour expliquer le travail en amont de la bouteille ou pour raconter une anecdote sur un domaine ou son propriétaire. C'est cela qui fait la beauté de notre métier, et le plaisir des clients !

Le métier de caviste nous offre l'opportunité d'avoir des relations humaines enrichissantes, car nous finissons par connaître les goûts, la personnalité de nos clients fidèles.
En résumé, les cavistes sont des passionnés qui, je l'espère, sont aussi des « marchands de bonheur » !

CONCOURS DU MEILLEUR CAVISTE DE FRANCE

Ce concours est organisé par le Syndicat des cavistes professionnels, en partenariat avec des sociétés liées au monde du vin, dans le but de mettre en avant le professionnalisme et la passion qui animent les cavistes. Celui-ci se déroule tous les deux ans, et est bien entendu ouvert à tous les cavistes, qu'ils soient indépendants ou intégrés à une chaîne de magasins. On compte aujourd'hui en France un peu plus de 5 500 points de vente spécialisés dans les vins et spiritueux.

Le concours commence par une première sélection, avec quarante questions mises à disposition sur internet. Les candidats qui se sont inscrits ont une heure pour répondre au mieux à ces questions – ouvertes ou fermées – qui font la part belle aux connaissances mobilisées au quotidien par un caviste (vins, vignobles, dégustation, accords mets-vins, mais aussi législation, relation clientèle ou gestion entrepreneuriale). À l'issue de cette épreuve, un écrémage important a lieu. Seuls les quarante meilleurs candidats s'affrontent lors d'une demi-finale.

Pour celle-ci, les candidats se retrouvent tous ensemble, afin d'être jugés dans les mêmes conditions. La journée comporte alors deux épreuves :

- *un nouveau questionnaire sur une heure ;*
- *une dégustation à l'aveugle de trois verres, avec un commentaire complet à faire, une authentification de la boisson, et un accord mets-vin à justifier. Il est à noter que la boisson peut être un vin, un effervescent, un spiritueux ou encore une bière !*

Cette étape permet de retenir les huit finalistes qui vont s'affronter sur une journée, à Paris, devant un jury, et en public. Cette finale se déroule en cinq épreuves, différentes et complémentaires, qui mettent en avant toute la palette d'expertise et les qualités requises pour être considéré comme un excellent caviste.

- *Questionnaire complet de 100 questions avec réponses instantanées*
- *Dégustation à l'aveugle de cinq boissons*
- *Présentation d'un vin « coup de cœur », choisi par le jury*
- *Jeu de mise en situation*
- *Visite préalable du caviste, dans son magasin, en caméra cachée*

Il est à noter que le jury est composé de trois cavistes reconnus, ainsi que des trois derniers lauréats.

MON PARCOURS

Né dans le sud de la Bourgogne, j'ai grandi dans la maison familiale entourée de vignes produisant des saint-véran et des crus du Beaujolais comme des saint-amour et des chénas. Mes grands-parents étaient ouvriers viticoles et, aussi loin que remontent mes souvenirs, les images et les odeurs de mon enfance sont liées à la vigne et au vin. Je garde en mémoire les brouettes fumantes durant la taille d'hiver, la préparation des osiers pour le liage du printemps, la vie agitée durant la période des vendanges. Et les odeurs... celles qui émanaient des plats concoctés par ma grand-mère et ma tante pour les grandes tablées de vendangeurs, celles du raisin frais et de la fermentation ; ou encore les premiers arômes de vin, que l'on dégustait dans une tasse en argent, à la sortie de la cuve ou des tonneaux. Je pense qu'en fait, tout a débuté là et que le monde de la vigne et du vin était inscrit dans mon ADN.

Je commence d'abord par un bac scientifique et effectue un petit passage en faculté de biologie. Cela me permet de comprendre de manière précise la géologie et l'importance des terroirs, ainsi que les différentes étapes de la fermentation.

J'intègre ensuite le lycée viticole de Mâcon-Davayé dans le but d'obtenir un BTS technico-commercial « vins et spiritueux », option caviste. Durant la première année, en Bourgogne, l'apprentissage est principalement centré sur la vigne, la vinification et les différents vins, ainsi que la dégustation. Cela passe par des cours théoriques, des stages mais aussi par une application permanente sur les 16 hectares du domaine appartenant au lycée. La seconde année se déroule à l'école Tecomah, sur le campus de HEC à Jouy-en-Josas, dans les Yvelines, et est consacrée à la vente, au marketing et à l'apprentissage du métier de caviste auprès de professionnels reconnus, enseignements complétés par une formation à la dégustation.

Une fois mon cursus scolaire terminé (et mon service militaire accompli) j'entre dans la vie active en tant que salarié, pour me forger une expérience et faire des économies, avec pour objectif d'acheter ou de créer une cave par la suite.

Le rêve devient réalité le 1er avril 2004 lorsqu'avec mon épouse nous achetons une cave fondée en 1989, à Saint-Amant-Tallende, à côté de Clermont-Ferrand. J'ai alors 29 ans, ma femme 23 ans, et, pleins de fougue et de motivation, nous consacrons toute notre énergie et notre temps à faire le tour de la France pour tisser des liens avec les vignerons et fidéliser au mieux notre clientèle.

En 2005, je tente le concours de meilleur caviste indépendant du monde. Je termine quinzième français et m'arrête en demi-finale. Dix ans plus tard, en 2014, le Syndicat des cavistes professionnels et le groupe Thiénot organisent le concours du meilleur caviste de France, ouvert à tous les cavistes indépendants ainsi qu'aux franchisés, et aux réseaux de cavistes. C'est tout naturellement avec plaisir et envie que je me lance dans la compétition. Lorsque, le 6 octobre 2014, M. Pierre Arditi, parrain du concours, m'annonce comme étant le lauréat, une vague d'émotion m'envahit ! C'est avec beaucoup de fierté et de satisfaction que je vois mes connaissances et mon travail reconnus par mes pairs.

Quelques mois plus tard, notre première boutique est devenue trop petite, et nous décidons d'ouvrir un second établissement à Ceyrat, toujours dans la banlieue clermontoise.

C'est riche de ces quinze années d'expérience passées auprès de mes clients, des vignerons et de restaurateurs, que je me suis décidé à essayer de répondre au mieux, grâce à ce livre, aux différentes questions les plus rencontrées sur les accords mets-vins.

INTRODUCTION

LES GRANDS PRINCIPES SUR LES ACCORDS METS-VINS

Les accords mets-vins, voilà certainement le sujet qu'aborde le plus un caviste avec ses clients. C'est un exercice à la fois simple – puisque répondant à quelques principes de base –, et d'une complexité folle, car les accords sont multiples. Entre les particularités gastronomiques infinies que l'on trouve dans le monde entier ou les boissons tout aussi innombrables, une gamme considérable d'accords est envisageable. Attention, certains accords restent tout de même rédhibitoires.

Pour réussir l'accompagnement d'un plat par une boisson, il faut prendre en compte les saveurs du mets, sa texture, ses parfums, tout autant qu'il faut jouer avec ceux du vin ou de la boisson alcoolisée qui conviendra le mieux. Cela pourrait être une bière, un cidre ou encore une eau-de-vie, par exemple.

1- Les saveurs

Sucré. Le sucré est l'une des saveurs de base et est plutôt rattaché à une notion de plaisir : on a tous en tête une bonne pâtisserie. C'est une saveur qui est innée et qu'un bébé peut reconnaître et apprécier. Mais il faut éviter une consommation excessive qui peut vite saturer les papilles et devenir un peu écœurante.

Salé. Le sel est avant tout un exhausteur de goût. Il est utilisé en cuisine, mais aussi en pâtisserie. On peut noter que le pain sans sel manque souvent cruellement de goût. On sale d'ailleurs l'eau de cuisson des pâtes, du riz ou encore des légumes afin d'en révéler les parfums. Le sel a aussi été durant longtemps utilisé comme conservateur. Beaucoup de mets étaient conservés grâce à la saumure, produite à partir de sel. Des plats qui font le plaisir de nombreux gourmets, comme le saumon fumé ou la truite fumée, sont encore élaborés grâce à cette technique. Tout le monde connaît également le fameux haddock, filet d'églefin salé et fumé.

Amer. Cette saveur souffre d'une connotation plutôt négative. On l'associe en effet plus souvent à un médicament ou à un mauvais souvenir de dégustation. Pourtant, elle est fort utile pour l'équilibre des plats. Dans le cas des vins blancs, de beaux amers en finale peuvent prolonger la sensation en bouche, tout en sublimant les saveurs d'un poisson par exemple. L'excès d'amertume est par contre vite désagréable, d'autant qu'il assèche la paroi buccale.

Acide. Comme le sel, l'acidité est un révélateur de goût qui s'avère indispensable dans un plat, tout comme dans un vin, une bière, ou encore un alcool car elle en garantit l'équilibre général.

Umami. À ces quatre saveurs majeures dont tout le monde a entendu parler, on peut en ajouter une cinquième, mise au jour au XXe siècle par un chercheur japonais nommé Kikunae Ikeda. Elle a été baptisée « umami », (prononcer « oumami ») et on pourrait la traduire en français par « goût délicieux ». Cette saveur, que peu de monde identifie, voire connaît, est pourtant présente dans toutes les cultures culinaires et il serait faux de l'associer uniquement à la cuisine nippone. On en trouve dans la pizza, le roquefort, le jambon cru… Elle s'apparente à une sensation en bouche très ronde, gourmande, avec un côté salin qui donne envie d'y goûter à nouveau, car très plaisante. Scientifiquement, l'effet umami est lié à trois acides aminés qu'on peut retrouver dans de nombreuses viandes, des légumes ou encore des aliments fumés. On peut aussi le retrouver dans la charcuterie ou certains fromages, comme le parmesan.

2- Sensations en bouche

Pendant longtemps, on a cru et enseigné que la langue disposait d'une carte comportant des zones spécialisées dans la reconnaissance des différentes saveurs : le bout de la langue pour le sucré, sur les côtés/devant pour le salé, sur les côtés/derrière pour l'acidité, et enfin la base de la langue pour l'amertume. Or cette idée est fausse, et il a été démontré de manière scientifique que toute la langue est constituée de capteurs, bien connus sous le nom de papilles, capables d'identifier toutes les saveurs. En revanche, ce qui est vrai, c'est que les zones précédemment citées sont plus sensibles à la saveur correspondante et ont une capacité à reconnaître celle-ci plus rapidement.

3- Texture du plat

Cette notion de texture a trop souvent tendance à être oubliée au profit des seules saveurs. Or pour un accord mets-vins réussi, il est important d'intégrer cet aspect. Dans la texture d'un plat, on tiendra compte du gras, du moelleux ou encore du croquant. Mais il faudra aussi se soucier de la façon dont il sera cuisiné. En effet, la préparation et le mode de cuisson, ainsi que sa durée vont affecter de manière importante la texture d'un même aliment.

Prenons l'exemple d'une viande comme le bœuf : on peut le préparer en carpaccio ou en tartare, deux textures bien différentes pour le même aliment cru. Mais on peut aussi le déguster grillé au barbecue, cuit sous forme de rôti, en croûte de sel, mijoté, etc. La même pièce de viande prend ici des saveurs et des textures différentes dont il faudra bien entendu tenir compte dans nos choix de vins.

4- Les arômes du vin

Le vin contient pas loin de 1 000 composés volatils et 10 % d'entre eux ont un impact sensoriel. On distingue trois types d'arômes :

- **Arômes primaires :** ils sont liés au raisin, et caractéristiques d'un cépage. Ce sont souvent les premiers arômes que nous sentons quand on passe le nez au-dessus du verre. On peut citer en exemple les arômes d'agrumes pour le sauvignon.

- **Arômes secondaires :** ils sont produits par les levures et les bactéries lors de la fermentation alcoolique et malolactique. Généralement, ils apparaissent lors de l'aération du vin dans le verre. On citera un exemple flagrant avec les arômes de banane dans certains vins primeurs, dus à une levure.

- **Arômes tertiaires :** on les appelle également arômes de vieillissement, car ils sont dus à l'élevage du vin et son évolution en bouteille. L'arôme de truffe sur les vieux pomerols et saint-émilion, ou encore les notes de torréfaction en sont deux parfaits exemples.

5- Les différentes possibilités d'accord

Pour réussir un bel accord mets-vins, il y a différentes solutions en fonction de ses connaissances et/ou de ses envies.

· Le plus facile est peut-être l'accord régional, qui demande un peu moins de compétences en dégustation ou de notions sur les vins. Il est souvent bien ancré dans les traditions et, même si ce n'est pas l'accord magique, il ne se révélera jamais décevant. C'est l'accord que je conseillerais à quelqu'un qui n'est pas un amateur averti et qui n'a pas un caviste ou un sommelier pour l'éclairer dans ses choix. On pourrait citer de nombreux exemples comme les huîtres de Bouzigues avec un picpoul-de-pinet, une choucroute avec un vin blanc sec d'Alsace comme le riesling, ou bien une fondue bourguignonne avec un vin rouge de la Côte de Nuits !

· Le deuxième choix va privilégier un mariage des saveurs. C'est le principe du « qui se ressemble s'assemble ». Le jeu va consister ici à rapprocher les parfums du vin à ceux du plat, ainsi que leurs textures. Cela peut parfaitement fonctionner d'un point de vue purement gustatif.

Par exemple, on peut associer le gras et la richesse d'un foie gras avec un vin moelleux, ou un blanc rond avec une sauce à base de crème. Le risque principal de cet accord est la saturation des papilles et l'overdose des parfums. Ainsi, un accord entre un couscous et un rouge du Roussillon, tous les deux très épicés, peut rapidement s'avérer trop fort en goût, saturer les papilles et devenir désagréable sur la longueur. Ce mariage est intéressant sur une bouchée, mais pas sur un repas complet.

· Le dernier choix va quant à lui s'orienter sur les contraires. C'est cette fois le principe « les opposés s'attirent » que nous allons suivre. L'harmonie de cet accord va être liée non plus à la similitude des textures et saveurs, mais au contraire, à la recherche de l'équilibre maximal. Si on prend l'exemple de la sauce crémée citée précédemment, on choisira un vin d'une belle acidité pour rééquilibrer le côté onctueux.

Quelle que soit la solution privilégiée, il ne faut pas oublier que le principe va être de mettre le plat en valeur par la boisson, et inversement. Il y a des accords réussis et d'autres magiques… presque irréels ; le plat et le vin s'harmonisent et chacun devient meilleur grâce à l'autre tout au long de la dégustation ! Au contraire, il y a des accords « interdits », comme les noix avec un vin rouge tannique, ou bien un blanc riche et boisé avec des fruits de mer.

LA NOTION DE TERROIR

On a souvent trop tendance à réduire le terroir aux sols. Or, cette notion est beaucoup plus vaste et complexe que cela. Pour définir un terroir, on prend bien évidemment en compte le sol, mais aussi son sous-sol, le cépage utilisé sur ce support, l'exposition du vignoble ou encore la pente, sans oublier, bien sûr, le facteur humain. C'est cette somme de critères que va d'ailleurs prendre en compte l'Institut national de l'origine et de la qualité (INAO) pour définir le cahier des charges et la zone de production d'une AOC.

Cette notion de terroir est d'ailleurs très peu utilisée hors de nos frontières alors qu'elle est historiquement très importante en France. C'est elle qui est à la base des nombreux crus en Bourgogne par exemple.

· Le sol et le sous-sol. C'est là que la plante va se nourrir, en allant y chercher l'eau et ses éléments nutritifs. Chaque sol n'a, par exemple, pas la même capacité de rétention d'eau : certains sont plus filtrants que d'autres.

· Le cépage. Chaque variété de raisin sera doté de caractéristiques de production et organoleptiques bien différentes. Le même cépage produit sur des secteurs différents donne des vins différents. Exemple avec une syrah australienne, qui n'a rien de comparable à un côte-rôtie.

· L'exposition. La topographie d'un lieu va avoir une influence sur la richesse du sol, sachant que la vigne s'exprime mieux sur des sols pauvres. La pente du terrain va influer sur l'exposition au soleil et au vent. L'altitude va souvent favoriser des nuits plus fraîches et donc des taux d'acidité souvent plus élevés que ceux qu'on pourrait trouver sur les plaines environnantes.

· Le facteur humain. Il peut dépendre d'un choix humain s'inscrivant dans une tradition, comme la production d'effervescent en Champagne, ou de vin de voile dans le Jura, mais aussi des choix individuels du vigneron. Une même parcelle travaillée par un vigneron différent donnera un vin différent. Cela s'explique par les nombreux choix qui s'offrent à lui que sont : la taille, le travail du sol, la date et le mode de la vendange (manuel ou mécanique), l'égrappage, la durée de cuvaison ou encore la durée et le choix de l'élevage (cuves en inox, cuves en béton, barriques...).

Notion complexe, car liée à de nombreux facteurs qui influeront sur la cuvée finale, le terroir est donc un élément essentiel dans la production de grands vins.

LES DIFFÉRENTS CONTENANTS

La bouteille la plus utilisée est bien évidemment celle de 75 cl. Ce choix de volume a une explication historique et est dû aux liens étroits qu'entretiennent depuis longtemps les marchands de vins français avec les Anglais. L'unité de mesure de nos voisins outre-Manche est en effet différente de la nôtre : elle se nomme « gallon impérial », et équivaut à 4,54609 litres. Pour éviter des conversions de volume rocambolesques, les barriques de Bordeaux de 225 litres qui étaient utilisées pour le transport correspondaient à environ 50 gallons.
1 barrique de 225 litres = 50 gallons = 300 bouteilles de 75 cl, et de ce fait, 1 gallon = 6 bouteilles.
Cela explique pourquoi, aujourd'hui encore, les bouteilles font 75 cl et les caisses de six bouteilles sont légion.

***Astuce :** si l'on veut garder un vin en cave, parce qu'il correspond à une année de naissance particulière par exemple, le magnum est le parfait contenant. En effet, il est plus large et plus gros qu'une bouteille de 75 cl, mais son goulot est le même. L'aération est donc plus longue et plus ménagée, des conditions parfaites pour la garde !*

Contenance	Nom en Champagne	Nom à Bordeaux
20 cl	quart	piccolo
37,5 cl	demi	demi ou fillette
50 cl	medium ou pinte	pot
75 cl	bouteille	bouteille
1,5 litre	magnum	magnum
3 litres	jéroboam	double-magnum
4,5 litres	réhoboam	////
5 litres	////	jéroboam
6 litres	mathusalem	impériale
9 litres	salmanazar	salmanazar
12 litres	balthazar	balthazar
15 litres	nabuchodonosor	nabuchodonosor
18 litres	salomon	melchior

DU CHAI À LA TABLE, QUELQUES CONSEILS POUR LA CONSERVATION DU VIN

Nous n'avons pas tous la chance d'avoir chez soi une cave enterrée, bénéficiant d'une température constante et d'un taux d'hygrométrie idéal pour faire vieillir ses vins.

Heureusement, il existe aujourd'hui des alternatives, comme les caves à vin électriques, de plus en plus performantes ou encore des climatisations spécifiques.

L'essentiel est de bien respecter quelques règles de base :

- **Une température constante,** comprise idéalement entre 11 et 14 °C. Ce qu'il faut à tout prix éviter, ce sont les fluctuations : mieux vaut un local à 8 °C ou 17 °C toute l'année, que des variations de 10 °C entre l'hiver et l'été.

- **Être à l'abri de la lumière** car elle est l'ennemie du vin, et encore plus des champagnes !

- **Conserver les bouteilles couchées,** afin que le vin soit toujours en contact avec le bouchon.

- **Un taux d'hygrométrie compris entre 75 et 85 %.** L'hygrométrie est importante pour la qualité du bouchon. Si la pièce dans laquelle est conservé le vin manque d'humidité, celui-ci va sécher, et ne pourra plus assurer sa fonction d'étanchéité. La bouteille va alors devenir « couleuse » et le vin va s'oxyder de manière intempestive.

La conservation et la qualité du vin ne sont en rien altérées en cas d'hygrométrie trop élevée. Pour preuve l'élevage de certaines cuvées en immersion totale en lac ou en pleine mer ! Le souci de cette humidité importante est surtout lié à l'état de l'étiquette, qui risque de s'abîmer très vite. Une petite astuce consiste alors à entourer préalablement ses bouteilles (simplement autour de l'étiquette) avec du film cellophane afin que l'étiquette reste intacte ! En cas de garde longue, il suffit de changer le film au bout de quelques années pour garder une bouteille en parfait état !

Petit conseil : *si tous les vins et champagnes sont à conserver couchés, les spiritueux se conservent debout, afin que l'alcool n'attaque pas le bouchon !*

LES VINS MÉDAILLÉS, LEUR VALEUR

On entend souvent en boutique : « J'ai acheté un vin médaillé, alors il doit être bon ! », et je réponds souvent : « Méfiance ! ». En effet, les vins ayant obtenu une médaille sont seulement ceux jugés les meilleurs parmi ceux présentés à un concours.
En général, les cuvées de grande qualité sont recherchées par les restaurateurs, les amateurs de vin, les cavistes... et il n'est pas rare que les vignerons ne puissent fournir du vin à tout le monde. Ces derniers n'ont donc pas d'intérêt réel à payer pour que leur vin soit dégusté et noté à l'issue d'un concours. Par conséquent, les cuvées des vignerons les plus réputés sont rarement médaillées !

De plus, il existe en France une telle multitude de concours (on en compte plus d'une centaine autorisés), et un pourcentage de vins médaillés si important (25 à 33 %), que beaucoup de vins « médiocres » par rapport à leur appellation arrivent à glaner une médaille. Dans cette vaste nébuleuse, la qualité des jurés pose également question : sont-ils tous de fins dégustateurs ? Ne sont-ils pas juge et partie quand ils sont susceptibles de goûter leur propre vin ? Attention, je ne dis pas là que tous les concours ne servent à rien ou encore que tous les vins médaillés ne méritent pas leur titre. Je veux juste mettre en garde les lecteurs sur le fait qu'une médaille n'est pas un gage de garantie à 100 %. Si toutefois je devais évoquer deux concours dont l'organisation et le sérieux ne sont plus à prouver, je citerais le concours général agricole de Paris, et le concours des grands vins de France-Concours des vins de Mâcon.

APÉRITIFS

L'APÉRITIF EST L'UN DES MOMENTS PRÉFÉRÉS DES FRANÇAIS. IL EST À LA FOIS UN INSTANT DE PARTAGE, DE CONVIVIALITÉ, DE DÉTENTE ET DE PLAISIR. ON LE PREND EN FAMILLE, ENTRE AMIS OU AVEC DES GENS QUE L'ON APPRÉCIE. CES DERNIÈRES ANNÉES, ON A D'AILLEURS VU APPARAÎTRE LA MODE DES « APÉRITIFS DÎNATOIRES », REMPLAÇANT LE REPAS PLUS CONVENTIONNEL, ET FAISANT DURER CE MOMENT DE BONHEUR.

QUELLE QUE SOIT LA FORMULE, IL FAUDRA CHOISIR UNE BOISSON QUI NE SATURERA PAS LE PALAIS, MAIS QUI AU CONTRAIRE ÉVEILLERA LES PAPILLES. ON AURA TENDANCE À PRIVILÉGIER UN EFFERVESCENT BRUT OU EXTRA-BRUT, UN BLANC SEC DE BELLE FRAÎCHEUR, OU ENCORE UN ROSÉ FRUITÉ ET GOURMAND. SI L'ON OPTE POUR UN VIN ROUGE, ON LE CHOISIRA GOULEYANT, SANS TROP DE TANINS, ET FRUITÉ.

ON DÉCONSEILLERA LES ALCOOLS FORTS, QUI SATURERONT LE PALAIS. ON PRÉFÉRERA SERVIR LES SPIRITUEUX EN DIGESTIF.

ACCRAS DE MORUE

LES ACCRAS DE MORUE SONT DES BEIGNETS LÉGÈREMENT PIMENTÉS QUE L'ON TROUVE BEAUCOUP DANS LES ANTILLES, NOTAMMENT EN MARTINIQUE ET EN GUADELOUPE. IL EN EXISTE AUSSI AUX LÉGUMES OU À LA CREVETTE. IL NE FAUT PAS LES CONFONDRE AVEC LES BEIGNETS DE POISSONS EUROPÉENS, QUE L'ON CONSOMME EN ESPAGNE OU AU PORTUGAL *(PASTEIS DE BACALHAU)*, QUI NE SONT PAS RÉALISÉS À BASE DE PIMENT. CES ACCRAS SONT APPRÉCIÉS POUR LEUR MOELLEUX ET LEUR CROUSTILLANT. POUR QU'ILS SOIENT JUSTEMENT BIEN CROUSTILLANTS, IL FAUT LES FAIRE FRIRE AU DERNIER MOMENT.

ACCORD PARFAIT

L'accord va se construire autour du parfum de la morue et du gras du beignet. On peut partir sur l'accord local antillais, avec bien entendu le célèbre **ti-punch** : sucre, citron vert et rhum blanc, tout simplement. Mais attention, si cet accord paraît parfait, il risque toutefois de saturer le palais pour la suite du repas, étant donné le degré d'alcool élevé. Je préfère conseiller, en métropole, un blanc puissant, avec du caractère et un peu de vivacité. On pourrait imaginer un **entre-deux-mers**, vin frais de la région de Bordeaux, pour son côté agrume et tendu.

Si l'on veut davantage de caractère, un costières-de-nîmes blanc conviendra très bien.

EN RÉSUMÉ

- ti-punch
- entre-deux-mers
- costières-de-nîmes

ACCORDS ORIGINAUX

Si l'on souhaite des notes d'agrumes et de la fraîcheur, le cépage sauvignon s'impose comme une évidence. Pour changer des standards, on peut aller le choisir de manière originale en Bourgogne. En effet, l'appellation **sauvignon de Saint-Bris,** située à quelques kilomètres au nord d'Auxerre, n'utilise pas le chardonnay traditionnel mais, comme son nom l'indique, du sauvignon.

Pour rester dans la même région, on peut également s'amuser à choisir l'autre cépage blanc minoritaire : l'aligoté. Ce cépage offre des vins ayant un côté léger et acidulé, qui compensera bien le gras du beignet. Si on le trouve disséminé un peu partout en Bourgogne, son terroir privilégié se trouve dans l'AOC **bouzeron,** produite sur deux communes de Saône-et-Loire. Pour l'apéritif, on le servira aux alentours de 9 °C, soit un peu plus frais qu'au moment repas, afin d'apporter de la fraîcheur à ce plat plus ou moins épicé.

Enfin, il nous est possible de voyager, en choisissant un vin provenant d'un pays frontalier, la Suisse. En effet, nos voisins produisent dans la région du Léman un blanc à base de chasselas, qui conviendra parfaitement. Ce cépage, est très réputé dans le Valais sous le nom de **« fendant »** où il donne des vins à la fois aromatiques, frais, gouleyants et parfois légèrement perlants. Parfait pour un apéritif et nos accras de morue !

EN RÉSUMÉ

- saint-bris
- bouzeron
- fendant (Suisse)

BOUCHÉES AUX FROMAGES

CET AMUSE-BOUCHE VA SE DISTINGUER À LA FOIS PAR LA PÂTE FEUILLETÉE – QUI PEUT ÊTRE PLUS OU MOINS BEURRÉE – ET LE FROMAGE QUI VA LE GARNIR. IL FAUT CEPENDANT FAIRE ATTENTION À NE PAS UTILISER DES FROMAGES TROP FORTS POUR CES BOUCHÉES, CAR CELA AURAIT POUR EFFET D'ANESTHÉSIER LES PAPILLES POUR LE RESTE DU REPAS. LE PLUS IMPORTANT POUR MOI RESTE LA RÉALISATION DU FEUILLETAGE, CAR CE DERNIER VA CONSTITUER LA BASE DU CROQUANT ET DU CÔTÉ « BEURRÉ ». LE CHOIX DES ACCOMMODEMENTS OFFRE UNE MULTITUDE DE POSSIBILITÉS EN FONCTION DE VOTRE IMAGINATION.

ACCORD PARFAIT

Sachant que l'on est en début de repas, il faudra jouer sur l'acidité pour atténuer la sécheresse de la pâte, sans amener trop de notes aromatiques afin de laisser place aux saveurs des fromages utilisés.

Je conseille un **bourgogne blanc,** qui ne sera pas passé en fût. Afin de conserver les notes beurrées je pencherais pour du chardonnay, et pourquoi pas un **montagny.** Cette appellation de la Côte chalonnaise offre des vins aromatiques, ronds et frais, qui correspondent parfaitement à l'accord recherché.

Dans la vallée du Rhône septentrionale, on peut également choisir un **saint-joseph blanc,** à base de roussanne et marsanne. Les arômes floraux, frais et élégants de ces deux cépages se marieront bien avec les bouchées aux fromages. Une longueur finale importante ravira les papilles !

Enfin, il y a bien évidemment le **champagne,** valeur sûre de l'apéritif, qui présente l'avantage de se marier avec de nombreux amuse-bouches. Dans le cas précis où les bouchées sont uniquement au fromage, mon choix se portera sur un **blanc de blancs,** fin et complexe, et dont la bulle fine nettoiera la bouche.

EN RÉSUMÉ

- ○ montagny
- ○ saint-joseph
- △ champagne blanc de blancs

ACCORDS ORIGINAUX

On pourra choisir un vin blanc sec de Loire à base de chenin. Ce cépage présente l'avantage d'être doté d'une acidité soutenue mais surtout d'une grande élégance aromatique. Un **montlouis-sur-loire** ou un **jasnières** serait idéal dans ce rôle. Encore une fois, privilégiez des fromages assez discrets, et évitez les pâtes persillées qui risquent « d'étouffer » le vin ! Un **sauvignon de Nouvelle-Zélande,** de la région de Malborough, pourrait aussi vous surprendre par son côté agrumes lié aux raisins, mais aussi par sa richesse et sa finesse. En effet, cette région du continent océanique offre un terroir d'exception pour l'expression de ce cépage. Il présente alors un équilibre parfait entre l'acidité et la fraîcheur, et souvent avec une belle longueur en fin de bouche !

Le **crémant-de-bourgogne** est une belle alternative au champagne en apéritif. Il est produit avec les mêmes principaux cépages et selon les mêmes méthodes de vinification. Il offre un côté plus tendu et vif, qui en bouche contrebalancera le gras du feuilleté. Ses arômes, assez semblables au champagne, seront un bon départ avant le repas, tout en restant dans un budget raisonnable.

EN RÉSUMÉ

- ◯ montlouis-sur-loire ou jasnières
- ◯ sauvignon (Nouvelle-Zélande)
- △ crémant-de-bourgogne

BOUDIN NOIR ANTILLAIS

LE BOUDIN « CRÉOLE » EST CONNU DEPUIS LONGTEMPS AUX ANTILLES. IL SE COMPOSE DE SANG DE PORC, DE GRAISSE DE PORC ET DE DIFFÉRENTS CONDIMENTS COMME LE BOIS D'INDE, LE CLOU DE GIROFLE, LE THYM, LA CANNELLE ET BIEN ENTENDU LE PIMENT. IL EST PLUS OU MOINS ÉPICÉ SELON LA FAÇON DONT ON LE REHAUSSE. LA TRADITION VEUT QU'ON NE MANGE PAS LA PEAU, CONTRAIREMENT AU BOUDIN NOIR DE MÉTROPOLE, ET QU'ON NE LE POÊLE PAS : IL EST DÉGUSTÉ APRÈS AVOIR ÉTÉ RÉCHAUFFÉ DANS DE L'EAU BOUILLIE.

ACCORD PARFAIT

L'accord mets-vins devra ici se faire en fonction des épices. On privilégiera soit un accord ton sur ton et on choisira de ce fait un **lirac rouge,** vin gourmand mais légèrement épicé par la présence du cépage syrah ; soit on préfèrera un vin plus frais et on optera alors pour un **beaujolais** – pourquoi pas en primeur – afin de favoriser l'accord sur le fruit. On peut, bien entendu, servir aussi un rosé, comme un **bandol,** à la fois frais, riche et épicé.

EN RÉSUMÉ

- lirac
- beaujolais
- bandol

ACCORDS ORIGINAUX

Si l'on souhaite être plus original, on peut accompagner le boudin créole d'un vin du Sud-Ouest, le **fronton,** avec une majorité de négrette. Ce cépage authentique offre sur ce terroir des cuvées fruitées, avec des notes de violette et joliment poivrées, qui se mariera merveilleusement avec les épices. Son côté vif et frais et ses tanins souples permettront également d'apporter une belle note de fraîcheur.

EN RÉSUMÉ

- fronton

MUFFINS À LA GRECQUE FÉTA & OLIVES

LE MUFFIN EST UN GÂTEAU INDIVIDUEL RÉPANDU AUX ÉTATS-UNIS QUI POSSÈDE UNE BASE BEURRE, FARINE ET ŒUF. IL EST AUJOURD'HUI TRÈS À LA MODE ET SE DÉCLINE EN DE NOMBREUSES SAVEURS. DANS L'EXEMPLE CHOISI, ON ESSAIERA D'AVOIR UNE PÂTE ONCTUEUSE ET ON APPRÉCIERA LE DUO FORMÉ PAR LA FETA ET LES OLIVES. POUR CET AMUSE-BOUCHE, ON TIENDRA COMPTE DE LA TEXTURE MOELLEUSE EN ÉVITANT D'AMENER DES TANINS, MAIS AUSSI DES PARFUMS DU FROMAGE ET SURTOUT DE L'OLIVE, CONDIMENT AU GOÛT ASSEZ PRONONCÉ.

ACCORD PARFAIT

Je partirais sur un vin blanc pour ne pas saturer la bouche et, pourquoi pas, un joli **anjou** à base de chenin. On pourra également se faire plaisir avec un rosé frais, mais suffisamment riche en arômes épicés, comme un **tavel,** en vallée du Rhône méridionale. Enfin, un autre accord pourra se faire avec un blanc d'Alsace, issu du cépage **sylvaner.** Celui-ci aura le privilège d'être assez vif et donc désaltérant pour le début de repas, et d'avoir une aromatique légère sur les agrumes.

EN RÉSUMÉ

- anjou
- tavel
- alsace sylvaner

ACCORDS ORIGINAUX

Xérès, jerez ou sherry, le même vin porte trois noms différents que l'on soit en France, en Espagne ou en Angleterre. Pour l'apprécier avec ce plat, on choisira unc version « **manzanilla** » : un vin sec, léger, avec des notes légèrement iodées.

EN RÉSUMÉ

- manzanilla (Espagne)
- vin grec à base d'assyrtiko

Pour jouer la carte « locale », *on pourra s'orienter sur un* ***vin blanc grec à base d'assyrtiko.*** *Ce cépage autochtone, originaire de l'île de Santorin, offre des blancs d'une minéralité exceptionnelle. Ce vin aura l'avantage d'accommoder le plat tout en préparant les papilles pour la suite du repas.*

BRIOCHE AUX GRATTONS

CETTE SPÉCIALITÉ AUVERGNATE, ET PLUS PRÉCISÉMENT BOURBONNAISE, EST UNE BRIOCHE SALÉE DANS LAQUELLE ON INCORPORE DES GRATTONS. IL S'AGIT DE RÉSIDUS DE GRAISSE ET DE VIANDE, SOUVENT DE PORC, MAIS AUSSI PARFOIS DE CANARD, D'OIE OU DE POULET, QUE L'ON FAIT CONFIRE. ILS ONT PLUSIEURS SYNONYMES SELON LES RÉGIONS DE FRANCE OU LES PAYS DONT ILS PROVIENNENT. ON TROUVERA AINSI DANS CERTAINES RECETTES LE MOT « FRITONS », OU ENCORE « GREUBONS », COMME ON LES NOMME EN SUISSE.

ACCORD PARFAIT

Pour l'accord idéal, il va falloir travailler sur l'onctuosité de la brioche, et principalement le gras des grattons.

L'un des accords possibles est un **côtes-du-rhône rosé,** pour amener de la légèreté, de la gourmandise avec les notes de fruits rouges, et une note de fraîcheur. C'est un accompagnement que l'on trouve régulièrement dans les fameux restaurants traditionnels lyonnais, les « bouchons ».
Dans le même esprit, on pourrait bien entendu rester en Auvergne avec un **saint-pourçain rouge** : le côté gouleyant viendra nettoyer le gras et remettre les papilles à flot.

Enfin, pour rester dans ce registre de vins frais et légers, on peut aller chercher notre bonheur au sud de la Bourgogne, avec les **vins rouges du Mâconnais,** issus du cépage gamay.

EN RÉSUMÉ

- côtes-du-rhône
- saint-pourçain
- mâcon (gamay)

ACCORDS ORIGINAUX

On peut partir dans la Loire pour rester sur un vin rouge léger, acidulé, mais issu cette fois-ci de pinot noir. Je pense tout particulièrement à un **menetou-salon rouge** ou un **sancerre rouge.** Réputées pour leurs blancs à base de sauvignon, ces appellations offrent des rouges gourmands, qui iront parfaitement avec la pompe aux grattons lors d'un apéritif.

En rouge, toujours, je voyagerais volontiers en Italie, avec un joli vin de la région de Vénétie, et plus précisément un **bardolino.** Issu de deux cépages majeurs, corvina veronese et rondinella, il offre des notes de fruits rouges très agréables. On le servira à une température assez basse (12 à 14 °C), afin d'augmenter la sensation de fraîcheur et de façon à contrebalancer le gras de la brioche et des grattons.

Pour revenir sur un accord plus local, on peut choisir un **blanc auvergnat, à base de chardonnay.** La particularité de ce vin est d'être produit sur un sol volcanique, permettant ainsi d'obtenir une tension acide plus importante que dans d'autres régions. On jouera ici sur l'acidité mais aussi sur les arômes beurrés du chardonnay qui s'harmoniseront avec ceux de la brioche.

Sur tous ces accords, *il est essentiel que le vin soit élevé en cuve de façon à ce que le fruit soit préservé, et non en fût car les parfums qui en seraient engendrés s'opposeraient à ceux du mets.*

EN RÉSUMÉ

- menetou-salon
- sancerre
- bardolino (Italie)
- vin auvergnat, à base de chardonnay

GASPACHO TOMATE-BASILIC

LE GASPACHO, ORIGINAIRE D'ANDALOUSIE ET DU SUD DU PORTUGAL, EST DE PLUS EN PLUS PRÉSENT L'ÉTÉ AU MOMENT DE L'APÉRITIF. IL SE COMPOSE DE TOMATES MIXÉES, AUXQUELLES ON PEUT AJOUTER QUELQUES LÉGUMES DE SAISON POUR LES PARFUMS, ET DES GLAÇONS OU DE L'EAU TRÈS FRAÎCHE. CET APPAREIL EST ENSUITE RELEVÉ PAR DE L'HUILE D'OLIVE, DU VINAIGRE, DU SEL, DE L'AIL, DE L'OIGNON ET DU BASILIC. LES SAVEURS SONT TRÈS MÉDITERRANÉENNES ET SERONT À LA BASE DE NOTRE ACCORD.

ACCORD PARFAIT

Ces soupes froides étant souvent servies l'été, on partira sur un vin frais afin de conserver le côté « désaltérant » et peu puissant et préserver ainsi les saveurs de la préparation.

Je pourrais bien évidemment vous recommander un vin rosé, idéal à cette saison. Si on préfère le côté frais, fruité et léger, on choisira un **côtes-de-provence.** Mais si on préfère un vin plus structuré, mon avis serait de servir un **bandol** : on reste ainsi en Provence, mais avec des vins rosés généralement plus puissants.

Enfin, pour ceux qui préfèrent les vins blancs à l'apéritif, on pourra ouvrir un **bellet.** Appellation de la région niçoise, à base de vermentino, elle offrira un parfum d'agrumes et une tension finale qui révéleront les saveurs du plat, sans faire ressortir l'acidité de la tomate qui aurait été présente en bouche si l'on avait opté pour un vin blanc trop riche.

EN RÉSUMÉ

- côtes-de-provence
- bandol
- bellet

ACCORDS ORIGINAUX

Un **vinho verde,** à base d'alvarinho ou de loureiro, deux cépages autochtones qui apportent à ce vin un côté rafraîchissant. Ce blanc est produit dans la région de Minho, au nord-ouest du Portugal. Les arômes vifs de pomme verte contribuent à accentuer la fraîcheur de ce vin qui a la particularité d'être mis en bouteille très jeune. Son côté « perlé », dû à la présence de gaz carbonique, se mettra en adéquation avec la fraîcheur du gaspacho.

On pourrait aussi partir en Espagne où l'alvarinho, cité précédemment, prend le nom d'**albariño.** Dans la région de Rías Baixas, en Galice, ce cépage donne de jolis vins, marqués là aussi par des notes de pomme verte et une belle minéralité. Il sera un superbe compagnon de cette soupe de tomate fraîche, et fera ressortir l'intensité du basilic. Parfait pour un apéritif estival, à l'ombre d'un parasol !

Bien qu'en apéritif, on recherche de la fraîcheur, *il me semble possible de servir un vin rouge gouleyant. Les notes de fruits se marieront à merveille avec les parfums de la tomate et du basilic. J'opterais ainsi pour un vin à base de cabernet franc, produit dans les régions de la Loire, comme un* ***chinon.*** *En revanche, attention à ne pas choisir un cabernet franc de la région bordelaise : si le cépage est le même, les notes en bouche seront totalement différentes !*

EN RÉSUMÉ

- vinho verde (Portugal)
- albariño (Espagne)
- chinon

MILLEFEUILLE DE CHÈVRE FRAIS,

POMME VERTE ET MAGRET FUMÉ EN VERRINE

DANS CETTE VERRINE, LE CHÈVRE FRAIS ÉCRASÉ AVEC DE LA CRÈME FRAÎCHE APPORTE UN CÔTÉ FRAIS ET CRÉMEUX. LA POMME GRANNY, CUITE ET DÉPOSÉE SUR LE DESSUS, VA SE FAIRE REMARQUER PAR SES NOTES RÔTIES. ENFIN, LES FINES LAMELLES DE MAGRET QUI VONT RECOUVRIR LE TOUT AURONT POUR EFFET DE CONTREBALANCER LE CÔTÉ SUCRÉ ET ACIDULÉ DE LA POMME, ET ACCENTUER LES SAVEURS DU PLAT GRÂCE AU FUMÉ. CES NOMBREUX PARFUMS ET L'ACIDITÉ ET LA FRAÎCHEUR DE LA CRÈME ET DU CHÈVRE VONT RENDRE L'ACCORD DIFFICILE À TROUVER.

ACCORD PARFAIT

On pourra partir sur un blanc vif, peu aromatique pour ne pas saturer la verrine, déjà riche en arômes. Un **saumur blanc,** à base de chenin, apportera ainsi la minéralité nécessaire pour relever le plat.

Il est aussi possible de l'accompagner d'un **vin blanc corse,** à base de vermentino, dont les parfums, anisés et minéraux, sauront se mettre en accord avec cet apéritif.

Enfin, il est bien entendu possible de rester sur ce même cépage, mais en se déplaçant sur le continent, avec un **côtes-de-provence blanc.**

EN RÉSUMÉ

- saumur
- vin-de-corse
- côtes-de-provence

ACCORDS ORIGINAUX

Je peux vous suggérer un **irouléguy blanc,** vin du Sud-Ouest à base de gros et petit-manseng, vinifié en sec. Pour rester dans cette région, il me vient en tête un bel accord surprenant avec un **« cidre » basque appellation sagarno,** qui a la particularité de ne contenir aucun sucre résiduel. Ses notes de pomme prononcées et sa fine amertume feront office de complément parfait à ce « millefeuille ».

EN RÉSUMÉ

- irouléguy
- cidre basque appellation sagarno

PLATEAU DE CHARCUTERIE

LE PLATEAU DE CHARCUTERIE EST L'UN DES ACCOMPAGNEMENTS D'APÉRITIF QUE L'ON RENCONTRE LE PLUS SOUVENT. IL PRÉSENTE L'AVANTAGE D'ÊTRE FACILE À PRÉPARER ET D'ÊTRE TRÈS VARIÉ ; ON PEUT BIEN ENTENDU TROUVER DES SAUCISSONS PLUS OU MOINS SEC, DES TERRINES, DES JAMBONS CRUS OU CUITS, DE DIFFÉRENTES PROVENANCES... ET BIEN D'AUTRES CHOSES ENCORE. LES GOÛTS COMME LES TEXTURES SONT TRÈS DIVERS, AVEC DES CHARCUTERIES PLUS OU MOINS GRASSES, MAIS AUSSI PLUS OU MOINS SALÉES.

ACCORD PARFAIT

La difficulté de l'accord d'un plateau va résulter non pas de la charcuterie en elle-même – car d'heureux mariages sont réalisables – mais de sa diversité. Il faudra bannir les rouges puissants car leurs tanins deviendraient âpres et apporteraient un goût herbeux en bouche. J'ai donc choisi des rouges légers comme des **côtes-d'auvergne à base de gamay,** ou des **marcillacs,** vins de l'Aveyron, à base de fer servadou. Un **bergerac blanc sec** saura quant à lui encaisser le gras et mettre en valeur les saveurs.

EN RÉSUMÉ

- côtes-d'auvergne (gamay)
- marcillac
- bergerac

ACCORDS ORIGINAUX

Un **irancy**, bourgogne rouge composé de pinot noir mais aussi de césar (cépage rare) fera parfaitement fonction de rafraîchissant. On peut bien entendu rester sur un blanc, avec un sauvignon de Loire, et plus précisément un **quincy.** Son acidité s'harmonisera sans souci avec le gras de la charcuterie. Enfin, on peut partir aussi en Corse, avec un vin rosé de la région de **Figari** ou de **Sartène.** Il apportera la fraîcheur d'un blanc, mais aura de la structure et de la puissance, et ce sans les tanins : parfait pour l'accord recherché.

EN RÉSUMÉ

- irancy
- quincy
- vin-de-corse-figari

ou vin-de-corse-sartène

SUSHIS

L'ARRIVÉE DE LA MODE DES APÉRITIFS DÎNATOIRES CUMULÉE À L'ENGOUEMENT POUR LA CUISINE EXOTIQUE EST À L'ORIGINE DE L'EXPLOSION DE LA CONSOMMATION DE SUSHIS EN FRANCE. CE PLAT, ISSU DE LA CUISINE JAPONAISE, EST NÉ IL Y A TRÈS LONGTEMPS EN CHINE ET SA PRÉPARATION AVAIT POUR UTILITÉ DE CONSERVER LES ALIMENTS. IL S'AGIT EN FAIT DE POISSONS CRUS, OU DE FRUITS DE MER, COMBINÉS À DU RIZ VINAIGRÉ APPELÉ « SHARI ». IL EXISTE CHEZ NOUS DES CENTAINES DE VARIÉTÉS DIFFÉRENTES. ON PEUT AUSSI ASSOCIER CE PLAT AUX SASHIMIS, QUI SONT SENSIBLEMENT LA MÊME CHOSE, MAIS SANS LE RIZ. ÉTANT DONNÉ LE NOMBRE ILLIMITÉ DE COMBINAISONS ET DE SAVEURS POSSIBLES AVEC LES SUSHIS, L'ACCORD SERA BASÉ ESSENTIELLEMENT SUR LA SAUCE SOJA QUI LES ACCOMPAGNE, DANS LAQUELLE ON RAJOUTERA VOLONTIERS DU WASABI.

ACCORD PARFAIT

Les possibilités de vin sont assez nombreuses et à la fois complexes, car il faut prendre en compte la texture du poisson, mais aussi l'acidité, l'aigre-doux, le salé ou encore le gras. L'accord le plus facile à réaliser chez soi est un vin blanc assez acidulé, et présentant des notes citronnées. On peut choisir un sauvignon de Loire, comme un **sancerre.** On peut également partir sur un vin blanc qui s'accommode bien avec le poisson, comme un bourgogne blanc de la région de Chablis. Personnellement, je privilégierais un **petit-chablis** pour sa minéralité plus présente. Enfin, on reviendra là encore sur un champagne. Il présente l'avantage d'amener de la fraîcheur sur le gras pour nettoyer le palais, et ses parfums s'accorderont à merveille avec le poisson. Je partirais aisément sur un **champagne extra-brut.**

EN RÉSUMÉ

- ○ sancerre
- ○ petit-chablis
- △ champagne extra-brut

ACCORDS ORIGINAUX

On peut bien évidemment jouer sur l'accord local et accompagner ces sushis d'un verre de **saké.** Cette boisson, qui est appelée « nihonshu » au Japon, est issue de la simple fermentation de riz rond, sans distillation. Elle titre environ 15°. Pour apprécier sa richesse et sa finesse, on le servira frais. Attention à ne pas confondre ce « vin » de riz avec le shochu, alcool asiatique à base de riz, mais distillé, et titrant entre 25° et 35°.

Pour les inconditionnels du vin rouge, il faudra choisir un vin léger, avec une belle acidité pour supporter le gras et mettre en valeur les parfums du poisson. Mon choix se porterait sur un **beaujolais gourmand, à base du cépage gamay,** sans élevage sous bois. Il n'est pas nécessaire de partir sur un des dix crus de l'appellation, car la puissance sera alors trop importante, et le sushi risque de faire ressortir l'amertume des tanins.

Enfin, pour les plus audacieux, je conseillerais un whisky. Il faudra le choisir élégant, fruité, et finement tourbé, pour ne pas écraser les saveurs du plat. Un **whisky de l'île de Mull,** qui amènera aussi un côté salin, sera parfait pour cet accord. Il est important de ne pas choisir un whisky trop fumé ou trop tourbé. Si l'on veut rester sur le côté asiatique, il est possible de choisir un **whisky japonais,** reconnu aujourd'hui comme l'un des meilleurs au monde.

EN RÉSUMÉ

- saké
- beaujolais (gamay) non élevé sous bois
- whisky de l'île de Mull ou whisky japonais

TUILES AU PARMESAN

CES TUILES AU PARMESAN SONT PARFAITES POUR L'APÉRITIF, CAR ELLES SONT CROQUANTES, PEU GRASSES, ET CE FROMAGE OFFRE UN MAGNIFIQUE PARFUM. UNE ASTUCE CONSISTE À LES REPASSER QUELQUES INSTANTS AU FOUR POUR EN CHASSER L'HUMIDITÉ ET LES SERVIR TIÈDES ! ELLES SONT AUSSI IDÉALES CAR TRÈS FACILES À RÉALISER, ET CE EN TRÈS PEU DE TEMPS.

ACCORD PARFAIT

Elles se marient avec des vins blancs frais peu opulents. On peut imaginer un **saint-véran,** pur chardonnay, avec une finale souvent tendue et des notes beurrées. On peut aussi servir un **jurançon sec,** blanc plus aromatique, mais dont l'acidité mettra en avant le goût du parmesan. Il est également possible de partir sur un **champagne millésimé.** Ses parfums, son côté vineux et la finesse de ses bulles offriront un mariage harmonieux, certes surprenant, mais qui s'avérera magique.

EN RÉSUMÉ

- ○ saint-véran
- ○ jurançon sec
- △ champagne millésimé

ACCORDS ORIGINAUX

On pourra remplacer le saint-véran par un vin de même cépage, le chardonnay, mais issu de l'appellation **limoux.** Ce blanc sec produit sur un vignoble d'altitude offre des vins d'un équilibre plus marqué par la minéralité. Si l'on veut rester sur un pétillant, on peut découvrir un **saint-péray mousseux.** Produit sur un sol granitique à base de roussanne et marsanne, cet effervescent frais, vif et comportant de très belles notes florales sublimera les parfums du parmesan !

EN RÉSUMÉ

- ○ limoux
- △ saint-péray mousseux

APÉRITIFS

Allumettes au fromage	saint-véran / côtes-de-toul / alsace pinot blanc
Anchois marinés aux olives	sancerre / alsace riesling / jurançon sec
Barquettes aux mange-tout et chorizo	alsace pinot gris; côtes-du-rhône; tavel
Biscuits à la farine de châtaigne et au fromage de chèvre	crémant-de-loire; costières-de-nîmes / pessac-léognan
Biscuits à la feta et aux noix	sancerre / alsace riesling / jurançon sec
Bouchées au roquefort	côtes-du-rhône; côteaux-de-l'aubance / côtes-de-gascogne
Bouchées d'andouillette à la pomme	mâcon; touraine (gamay); champagne brut
Bruschetta en chiffonnade de jambon de Parme	bandol; bardolino (Italie) / saint-nicolas-de-bourgueil
Cake au confit de canard et noisettes	buzet / malbec argentin / cahors
Cake aux châtaignes et au foie gras	côteaux-de-l'aubance / saussignac; champagne
Cake aux raisins	crémant-de-bordeaux; côtes-du-rhône / côtes-de-gascogne
Canapés au caviar	champagne extra-brut; alsace riesling grand cru / saumur
Canapés au saumon fumé	muscadet sur lie / menetou-salon/graves
Cookies au chorizo et aux olives, à l'espagnole	ribeira sacra (Espagne) / corbières / méntrida (Espagne)
Craquants au cantal	touraine / graves / côtes-d'auvergne-châteaugay
Dés de thon rouge et mange-tout	lirac / bellet / minervois
Grattons	costières-de-nîmes; coteaux-du-lyonnais / côtes-du-rhône
Mini-pizzas	tavel; languedoc / côtes-du-rhône
Petits choux au fromage	champagne; alsace sylvaner / quincy
Pruneaux au bacon	rasteau; bordeaux clairet; côtes-du-roussillon
Sucettes au gaspacho, magret et abricot sec	rioja (Espagne); saumur-champigny; bandol
Tarte à la tapenade, pétales de tomates et parmesan	pic-saint-loup / minervois / lirac
Tarte aux poireaux et surimi	chinon / côtes-de-beaune / côtes-de-provence
Verrines bolognaises	côtes-du-luberon / chianti (Italie) / côtes-du-roussillon

ENTRÉES

LES ENTRÉES PEUVENT ÊTRE DIVERSES ET VARIÉES : À BASE DE POISSON, DE CRUSTACÉS, DE VIANDE, DE CHARCUTERIE, DE FROMAGE, OU ENCORE DE LÉGUMES, LES TEXTURES ET LES SAVEURS SERONT BIEN DIFFÉRENTES. IL EST DONC DIFFICILE DE DONNER UN ACCORD PRÉCIS À L'ENTRÉE SANS EN CONNAÎTRE LA COMPOSITION EXACTE. PAR CONTRE, COMME SON NOM L'INDIQUE, ELLE CORRESPOND AU DÉBUT DU REPAS. ON ÉVITERA DONC DE SERVIR UN VIN AVEC UNE TROP GRANDE PUISSANCE AROMATIQUE, OU TROP TANNIQUE. COMME POUR L'APÉRITIF, IL FAUDRA AMENER DE LA FRAÎCHEUR ET DE LA FINESSE AFIN DE PRÉSERVER LE PALAIS POUR LE PLAT SUIVANT. UNE CHRONOLOGIE DANS LE SERVICE DU VIN DOIT ÊTRE RESPECTÉE POUR MONTER DOUCEMENT EN PUISSANCE.

ASPERGE

L'ASPERGE QUE NOUS CONSOMMONS AUJOURD'HUI PEUT ÊTRE BLANCHE, VIOLETTE OU VERTE. LA BLANCHE POUSSE SOUS TERRE, DONC À L'ABRI DE LA LUMIÈRE, ET SE RÉCOLTE DÈS QUE SA TÊTE SORT À LA SURFACE. ELLE EST D'UN GOÛT ASSEZ FIN. LA VIOLETTE A VU LE SOLEIL À SA SORTIE DE TERRE ET S'EST DONC COLORÉE. ELLE PREND ALORS AUSSI UN PEU D'AMERTUME. LA VERTE A QUANT À ELLE POUSSÉ ENTIÈREMENT À L'AIR LIBRE. ELLE A UNE SAVEUR PLUS MARQUÉE ET SA TÊTE EST ASSEZ SUCRÉE. L'ASPERGE EST SOUVENT DÉCRITE COMME L'ENNEMI DU VIN, CAR SON AMERTUME SUBTILE, SES PARFUMS UN PEU « MÉTALLIQUES » ET SA TEXTURE SONT PEU FACILES À AMADOUER.

ACCORD PARFAIT

Si l'on est sur une asperge chaude, je partirais sur un blanc assez gras et aromatique. Un **viognier,** et particulièrement un **condrieu** de la vallée du Rhône, serait idéal. Sa puissance, son côté onctueux et ses notes de violette et de fruits sauront vous ravir.

Sur une asperge froide, on a souvent une sauce vinaigrette ou mousseline, qui rend l'accord complexe. Il faut choisir selon moi des blancs avec une belle vivacité. C'est pourquoi je conseille souvent un **muscat sec d'Alsace, en grand cru,** très aromatique mais aussi très vif. On peut aussi, si on le souhaite, choisir un **muscat sec du Roussillon.**

EN RÉSUMÉ

Sur une asperge chaude :

- condrieu

Sur une asperge froide :

- alsace muscat grand cru
- muscat sec du Roussillon

ACCORDS ORIGINAUX

Si l'on veut s'aventurer un peu, on peut choisir un vin de Loire assez confidentiel : un **pouilly-sur-loire.** Il est issu du cépage chasselas et est produit sur la même aire d'appellation que le pouilly-fumé, célèbre blanc issu de sauvignon. Ce vin va offrir une belle fraîcheur, des notes citronnées et mentholées, qui sauront dompter l'asperge et la sauce qui l'accompagne. Pour ceux qui ne trouveraient pas cette appellation, il sera possible de la remplacer par un vin de Savoie, un **crépy** ou un **marignan,** qui sont issus à 80 % de ce cépage.

On peut aussi oublier le vin – sans pour autant boire de l'eau – en privilégiant une **bière blanche de Belgique.** On les appelle là-bas « witbier », ou « tarwebier », et ce sont des bières de fermentation haute, contenant du froment non malté. Elles sont non filtrées, d'où leur aspect un peu trouble, presque laiteux, qui semble être à l'origine de son nom « blanche ». On jouera alors sur la fraîcheur et la douce amertume de la bière. Les arômes floraux et d'agrumes, que l'on trouve souvent dans ce type de bière, sauront eux mettre en valeur les parfums de l'asperge, en atténuant son côté métallique. Cet accord en surprendra plus d'un.

EN RÉSUMÉ

- pouilly-sur-loire
- vin-de-savoie-crépy ou vin-de-savoie-marignan
- bière blanche de Belgique

AVOCAT AUX CREVETTES ROSES

LES AVOCATS AUX CREVETTES ROSES CONSTITUENT UNE ENTRÉE FRAÎCHE, IDÉALE POUR COMMENCER UN REPAS ESTIVAL, ET QUI NE DEMANDE QUE PEU DE PRÉPARATION. ELLE FAIT SOUVENT SON EFFET SUR UNE TABLE, NOTAMMENT GRÂCE AUX COULEURS DOUCES ET GOURMANDES QU'ELLE PRÉSENTE ! L'AVOCAT EST UN FRUIT À LA CHAIR DOUCE ET ONCTUEUSE, QUI SE CONSOMME EXCLUSIVEMENT CRU. LA CREVETTE ROSE, EN RAISON DE SON CÔTÉ IODÉ, AMÈNERA DU « PEPS » À LA PRÉPARATION. AGRÉMENTÉ D'UNE MAYONNAISE, CE PLAT SE RÉVÉLERA GÉNÉREUX EN TERMES DE GOÛT ET DE TEXTURE !

ACCORD PARFAIT

Sur cette entrée, il faudra surtout tenir compte de la texture assez grasse de l'avocat et de la mayonnaise qui la composent. Un vin blanc d'une belle finesse, équilibré, avec des notes légèrement grillées (dues à un élevage en fût) se mariera très bien. On peut choisir un **beaujolais blanc** ou un **bourgogne blanc de la région mâconnaise** où le chardonnay garde une belle tonicité. Il sera également possible de servir un **graves blanc,** issu de sauvignon et de sémillon.

EN RÉSUMÉ

- beaujolais
- mâcon
- graves

ACCORDS ORIGINAUX

Il est possible sur ce plat de servir un blanc plus sec, notamment si les crevettes apportent un côté iodé important, et pourquoi pas un vin de Vendée. L'un des cinq terroirs des **fiefs-vendéens blancs,** que sont Vix, Brem, Mareuil, Pissotte et Chantonnay, sauront vous ravir. En effet, ils ont des parfums à la fois floraux et minéraux. En bouche, le gras du milieu et la finale saline sauront se mettre au diapason du plat.

EN RÉSUMÉ

- fiefs-vendéens (Vix, Brem, Mareuil, Pissotte ou Chantonnay)

CAKE AU CHÈVRE, NOIX ET RAISINS

LES CAKES SALÉS SONT PARFAITS EN ENTRÉE, EN APÉRITIF DÎNATOIRE, OU MÊME POUR LES PIQUE-NIQUES ESTIVAUX PUISQUE TRÈS PRATIQUES À TRANSPORTER ET À DÉGUSTER. CETTE RECETTE EST PARTICULIÈREMENT INTÉRESSANTE, CAR ELLE ALLIE LA SAVEUR SUCRÉ-SALÉ, APPORTÉE PAR L'ASSOCIATION DES RAISINS SECS ET DU CHÈVRE, AU CROQUANT DE LA NOIX CONCASSÉE. POUR TROUVER L'ACCORD IDÉAL, NOUS CHERCHERONS À JOUER SUR LE SUCRÉ-SALÉ, TOUT EN TENANT COMPTE DE L'AMERTUME AMENÉE PAR LA NOIX.

ACCORD PARFAIT

Pour accompagner ce cake, il faudra un blanc aromatique, avec une belle vivacité, mais sans aucun boisé, afin de préserver la fraîcheur. On pourra donc partir sur un **blanc sec de Bourgogne de la région de Chablis.** Il est également possible de servir un **jurançon sec non boisé,** très appréciable pour sa tension finale. Enfin, en guise de petit clin d'oeil à la noix de Grenoble, on pourra éventuellement accompagner son cake d'un **vin de Savoie,** comme une **roussette** à base du cépage altesse.

EN RÉSUMÉ

- chablis
- jurançon sec non boisé
- roussette-de-savoie

ACCORDS ORIGINAUX

Pour ceux qui voudraient absolument un vin rouge, il faudra le choisir très fruité, avec beaucoup de gourmandise et peu de tanins. On pourrait partir sur un pur **cinsault du Languedoc,** ou un **gamay d'Anjou.** On peut aussi s'amuser avec un **blanc italien de la région de l'Etna** issu de raisins caricante et catarratto doté d'une certaine complexité aromatique et d'une grande minéralité, caractéristiques liées à son terroir particulier.

EN RÉSUMÉ

- languedoc (cinsault)
- anjou (gamay)
- vin de la région de l'Etna (Italie)

ESCARGOTS AU BEURRE PERSILLÉ

LES ESCARGOTS AU BEURRE PERSILLÉ, DITS « À LA BOURGUIGNONNE », SONT L'UN DES PLATS PHARES DE LA CULTURE FRANÇAISE. ON EN CONSOMME QUAND MÊME TRENTE MILLE TONNES PAR AN EN FRANCE ! ON LES SERT SOUVENT LORS DES REPAS FESTIFS, ET NOTAMMENT POUR LES FÊTES DE FIN D'ANNÉE. LA PRÉPARATION TRADITIONNELLE EST COMPOSÉE DE BEURRE À L'AIL AUQUEL ON AJOUTE DU PERSIL HACHÉ. PASSÉS AU FOUR, ON PEUT SERVIR LES ESCARGOTS DANS LEURS COQUILLES, OU ALORS DANS UNE COQUE DE PÂTE FEUILLETÉE, QUI AURA LA PARTICULARITÉ D'AMENER UN PEU DE CROUSTILLANT AU PLAT !

ACCORD PARFAIT

Ici, la difficulté de l'accord ne réside pas dans la saveur ni la texture un peu ferme de l'escargot, mais bien dans son accompagnement. Il va falloir un vin avec une acidité suffisante pour contrebalancer la puissance, le caractère de l'ail et du persil. L'accord idéal et classique se fera selon moi avec un bourgogne blanc, comme un **pouilly-fuissé,** ou un **saint-romain.** Ils présentent l'avantage de comporter une certaine fraîcheur tout en gardant la finesse du chardonnay. Un **aligoté,** plus vif et frais, avec un peu moins de complexité et de richesse, sera un choix tout aussi agréable.

EN RÉSUMÉ

- pouilly-fuissé
- saint-romain
- bourgogne-aligoté

ACCORDS ORIGINAUX

Toujours dans cette recherche d'un vin tendu et frais, on peut s'aventurer sur un vin blanc de Savoie, sur l'appellation **chignin-bergeron.** Le cépage roussanne, appelé localement « bergeron » – d'où le nom de l'AOC – apportera ici ses notes fruitées et florales. Mais ce que je retiendrais, c'est surtout sa souplesse en milieu de bouche, et sa finale acidulée, qui va amener de la longueur qui contrecarrera le côté aillé du plat.

Pour les palais les plus avides d'expérimentations, on pourra se faire plaisir avec un **coteaux-champenois blanc.** Cette appellation confidentielle est produite sur une partie de l'illustre Champagne, et nous offre un vin sec, tranquille, issu de chardonnay. Ses arômes de brioche toastée, de fruits secs et d'agrumes, ainsi que sa structure fine et nerveuse, liée notamment au sol calcaire, en feront un compagnon idéal de l'escargot à la bourguignonne.

EN RÉSUMÉ

- vin-de-savoie-chignin-bergeron
- coteaux-champenois

FLAMMEKUECHE

CETTE TARTE FLAMBÉE EST UN PLAT ORIGINAIRE D'ALSACE ET DE L'ALLEMAGNE TOUTE PROCHE. ELLE SE COMPOSE D'UNE FINE COUCHE DE PÂTE À PAIN RECOUVERTE DE CRÈME FRAÎCHE, D'OIGNONS ET DE LARDONS. CONTRAIREMENT À CE QUE SON NOM POURRAIT INDIQUER, ELLE N'EST PAS DU TOUT FLAMBÉE À L'ALCOOL, MAIS CUITE AU FOUR. L'HISTOIRE DE CE PLAT PROVIENT DU TEMPS OÙ LES PAYSANS FAISAIENT CUIRE LEUR PAIN TOUTES LES DEUX À TROIS SEMAINES DANS LE FOUR DU VILLAGE. LA PÂTE RESTANTE ÉTAIT ALORS RECOUVERTE DE LAIT CAILLÉ, PASSÉE QUELQUES MINUTES AU FOUR TRÈS CHAUD AVANT D'ÊTRE ROULÉE PUIS DÉGUSTÉE AVEC LES DOIGTS.
LA TRADITION PERDURE PUISQUE LES ALSACIENS ROULENT TOUJOURS CETTE TARTE AVANT DE LA SAVOURER SANS L'AIDE DE COUVERTS !

ACCORD PARFAIT

Pour trouver l'accord sur ce plat, il faut prendre en compte l'acidité de la crème, ainsi que la puissance et la persistance aromatique de l'oignon. Il conviendra de choisir un blanc sec, de belle vivacité. On peut rester sur un accord local, avec un **sylvaner** ou un **pinot blanc d'Alsace.** On peut également boire un **côtes-de-toul blanc,** vin de Moselle assez confidentiel, mais dont le cépage auxerrois saura s'accommoder en raison de sa fraîcheur.

EN RÉSUMÉ

- alsace sylvaner
- alsace pinot blanc
- côtes-de-toul

ACCORDS ORIGINAUX

On peut rester dans l'accord régional tout en franchissant le Rhin, puisque ce plat se satisfera pleinement d'un **riesling allemand sec.** On le choisira donc avec la mention **« Kabinett »** ou **« Trocken »** sur l'étiquette. Sa fraîcheur et sa vivacité compléteront à merveille l'acidité de la crème et contrebalanceront le gras des lardons. Son parfum adoucira la puissance de l'oignon, ce sera donc idéal !

Pour rester à l'étranger, on peut aller chercher en Autriche un blanc qui présente plusieurs points de ressemblance avec le riesling. Je pense à un cépage fameux de ce pays, le **grüner veltliner.** Il offre, dans la région du Kamptal, des vins dotés d'une belle acidité, d'arômes d'agrumes, et fait surtout preuve d'une grande minéralité due à son terroir. Il saura donc parfaitement s'adapter à cette flammekueche !

EN RÉSUMÉ

- riesling « Kabinett » ou « Trocken » (Allemagne)
- grüner veltliner (Autriche)

FOIE GRAS MI-CUIT

LA FRANCE PRODUIT ENVIRON 80 % DU FOIE GRAS MONDIAL ET EN EST LE PREMIER CONSOMMATEUR. IL EST DE TOUTE ÉVIDENCE UN PRODUIT PHARE DE NOTRE GASTRONOMIE. SA TEXTURE SAVOUREUSE, LA FINESSE DE SON GOÛT, SON CÔTÉ FONDANT... TOUT EST SUBLIME DANS CE METS. ON PARLERA ICI D'UN FOIE GRAS DE CANARD, PUISQU'IL REPRÉSENTE 95 % DE LA CONSOMMATION. JE CONSEILLE SOUVENT DE LE DÉGUSTER SIMPLEMENT, AVEC UN PEU DE PAIN DE CAMPAGNE FRAIS OU LÉGÈREMENT GRILLÉ POUR PROFITER AU MIEUX DE SES SAVEURS.

ACCORD PARFAIT

On a la fâcheuse habitude de servir systématiquement le foie gras avec un vin moelleux. Or cet accord, s'il peut être sublime, ne conviendra pas en début de repas, car il sature les papilles en sucre et en gras pour la suite du repas. Si l'on sert le foie gras en pré-dessert, comme cela se faisait historiquement, on pourra rester sur un vin moelleux ; si on décide en revanche de le servir en entrée, il faudra alors privilégier d'autres accords. Le **champagne,** dans une version **blanc de blancs** millésimé, dans lequel les saveurs de fruits, les notes toastées et la finesse de la bulle feront un mariage d'exception avec notre foie gras.

On pourra également remplacer le champagne par un Bourgogne blanc pour ceux qui privilégieraient un vin tranquille.

EN RÉSUMÉ

- △ champagne blanc de blancs millésimé
- ○ bourgogne

ACCORDS ORIGINAUX

Pour pouvoir partir sur un vin rouge, rien de plus simple ! Il suffira de faire un tour de moulin à poivre et de mettre un peu de fleur de sel sur la terrine. Il faudra choisir son vin rouge avec des tanins fondus, et d'une grande finesse. Un vin du Médoc un peu âgé, notamment un **margaux,** sera une belle surprise. La texture fondante du foie gras et les tanins suaves du vin, les fruits rouges et les notes épicées du poivre feront ressortir le côté viandé. Tout ceci fera un accord merveilleux ! Il présente aussi l'avantage de pouvoir continuer le repas sans que la bouche se trouve saturée.

Dans le cas d'un foie gras poêlé,
il faudra privilégier un rouge puissant, avec une forte aromatique. On pourra boire un ***vin rouge du Roussillon,*** *à base de Grenache, avec son côté fruit confituré. Un* ***porto*** *rouge ou un* ***maury,*** *plus sucrés, peuvent aussi offrir un beau mariage. Pour les plus audacieux, tentez une* ***eau-de-vie de mirabelle,*** *c'est splendide !*

EN RÉSUMÉ

- margaux
- vin rouge du Roussillon (grenache)

Avec un foie gras poêlé :

- porto rouge ou maury
- eau-de-vie de mirabelle

CLAFOUTIS AU CHORIZO

L'APPAREIL À CLAFOUTIS SE COMPOSE DE FARINE, DE SEL, D'ŒUFS ET DE LAIT AUQUEL ON AJOUTE DU SUCRE POUR UNE VERSION DESSERT. IL SE DÉCLINE À L'INFINI EN FONCTION DES INGRÉDIENTS AVEC LESQUELS ON L'AGRÉMENTE. DANS CETTE RECETTE « IBÉRIQUE », LE CHORIZO SERA LE POINT DE DÉPART PRINCIPAL À PARTIR DUQUEL ON ACCORDERA UN VIN. MAIS CE CLAFOUTIS PEUT ÊTRE DIFFÉRENT SI L'ON RAJOUTE À NOTRE CHORIZO D'AUTRES PRODUITS, TELS QUE DU FROMAGE, DES OLIVES OU ENCORE DES POIVRONS, SELON LA TENDANCE QUE L'ON VEUT DONNER À NOTRE RECETTE !

ACCORD PARFAIT

L'accord classique qui convient parfaitement fera la part belle à un **rosé du Languedoc** à base de syrah, avec un peu de structure, ou bien un **costières-de-nîmes,** encore une fois en rosé. Ce sont des vins qui affichent une certaine matière en bouche, tout en laissant la fraîcheur du rosé contrecarrer les épices. En fait, on utilise ici un vin qui exalte des parfums de vin rouge tout en ayant la structure acide d'un vin blanc. Si l'on veut privilégier un vin rouge, on optera pour une pure **syrah rhodanienne** en vin de pays, ou une **cuvée de saint-joseph** travaillé sur le fruit et la fraîcheur du cépage.

EN RÉSUMÉ

- languedoc
- costières-de-nîmes
- pure syrah rhodanienne
- saint-joseph

ACCORDS ORIGINAUX

On pourrait évidemment aller chercher notre vin dans le pays d'origine de ce clafoutis au chorizo, c'est-à-dire l'Espagne. On pourrait très bien se faire plaisir avec un vin de la **Rioja,** appellation du nord de la péninsule ibérique, élaboré à majorité de tempranillo. Il faudra le choisir **peu voire pas boisé,** afin de garder la légèreté et l'élégance du cépage.

EN RÉSUMÉ

- rioja peu voire pas boisé (Espagne)

QUICHE LORRAINE

LA QUICHE LORRAINE EST UN PLAT PHARE ET TRADITIONNEL DE LA GASTRONOMIE FRANÇAISE. ÉCONOMIQUE, SIMPLE ET RAPIDE À RÉALISER, CETTE RECETTE N'EN EST PAS MOINS GOURMANDE, ET CONVIENT À PRESQUE TOUTES LES BOUCHES. CETTE TARTE SALÉE TIRE SON NOM DU MOT ALLEMAND « KUCHEN », SIGNIFIANT « GÂTEAU », ET EST ORIGINAIRE DE LA RÉGION DONT ELLE PORTE L'APPELLATION. LA QUICHE, POUR PORTER LE QUALIFICATIF DE « LORRAINE », DOIT SE COMPOSER SIMPLEMENT D'ŒUF, DE CRÈME ET DE POITRINE DE PORC FUMÉE, LE TOUT DANS UNE PÂTE BRISÉE.

ACCORD PARFAIT

Pour ce plat, on devra faire face à différentes contraintes comme le croustillant de la pâte, le côté crémeux et bien évidemment les notes fumées. Tout ceci appelle donc un vin blanc sec. On pourra le choisir dans la région de proximité de cette quiche avec un blanc de Moselle, **côtes-de-toul,** ou encore un **sylvaner alsacien.**

EN RÉSUMÉ

- côtes-de-toul
- alsace sylvaner

ACCORDS ORIGINAUX

Si on veut être plus audacieux, on pourra se diriger vers une appellation de Loire peu connue : un **cour-cheverny,** en blanc sec, à base de romorantin. Ce cépage va apporter ses notes de fruit (poire) et de fleur (acacias, chèvrefeuille) tout en laissant en bouche une vivacité primordiale pour relever notre quiche. Pour ceux qui serviront un vin rouge, on pourra leur conseiller un **pinot noir d'Alsace** pour sa fraîcheur et sa gourmandise.

EN RÉSUMÉ

- cour-cheverny
- alsace pinot noir

SAUMON FUMÉ

LE SAUMON FUMÉ, DE PAR SA CHAIR TENDRE ET SES SAVEURS FINES ET DÉLICATES, RÉGALE DE NOMBREUX PALAIS. ON A L'HABITUDE DE LE CONSOMMER EN ENTRÉE, ACCOMPAGNÉE SOUVENT DE CITRON, OU D'UNE SAUCE CRÉMEUSE À L'ANETH.
CE POISSON GRAS, QUI PEUT ÊTRE SAUVAGE OU D'ÉLEVAGE, EST UN METS DE CHOIX DONT LA FRANCE EST LE PLUS GROS CONSOMMATEUR EN EUROPE.
SUR LES ACCORDS CITÉS CI-DESSOUS, ON POURRA ÉGALEMENT ASSOCIER LA TRUITE FUMÉE, QUI POSSÈDE SENSIBLEMENT LES MÊMES SAVEURS QUE LE SAUMON, AVEC ENCORE PLUS DE FINESSE ET UNE TENDRETÉ EXTRÊME.

ACCORD PARFAIT

L'accord sur ce plat va devoir tenir compte de plusieurs contraintes que représentent le gras et la finesse du poisson, mais aussi ses notes fumées. La chair du saumon ne supportera pas la structure de vins tanniques ; les rouges sont donc à proscrire. On optera ici pour des blancs aromatiques, de belle vivacité, avec des notes d'agrumes ou salines en finale, qui se marieront au fumé du saumon. L'un des accords les plus judicieux reste un sauvignon de Loire comme un **pouilly-fumé** ou un **sancerre.** On pourra aussi partir en Aquitaine, où le sauvignon est associé au sémillon, dans la région des **graves.** On le choisira de préférence jeune et non boisé pour ne pas masquer les parfums du mets tout en amenant de la tension en bouche.

EN RÉSUMÉ

- pouilly-fumé
- sancerre
- graves jeune et non boisé

ACCORDS ORIGINAUX

Si l'on veut surprendre un peu ses convives, on peut conseiller de servir une bulle et précisément un **champagne rosé,** dans une version **peu dosée, voire extra-brut.** Non dosé, le champagne va amener de la fraîcheur qui, combinée à la vivacité de sa bulle, va maîtriser le gras à merveille. Les arômes de fruits rouges de la version rosée se mettront eux en relation avec le fumé du poisson.

Si on le souhaite, *on peut aussi servir, non pas un vin, mais un whisky ! On jouera sur le gras et la finesse de l'eau-de-vie et, bien entendu, sur ses saveurs fumées. Je vous propose donc d'essayer avec des* ***whiskies écossais*** *de la région des Lowlands, comme un auchentoshan, pour leur côté vif et légèrement fumé. On peut également partir sur un whisky avec plus de caractère, notamment ceux de l'île d'Islay.*
Par contre, bien que sublime au goût, cet accord est à privilégier en apéritif dînatoire, avec des toasts de saumon. Sinon, il est nécessaire de boire un verre d'eau pour bien rincer la bouche et remettre le palais à flot avant la suite du repas !

EN RÉSUMÉ

△ champagne rosé peu dosé voire extra-brut

⬡ whisky écossais de la région des Lowlands ou de l'île d'Islay

TERRINE DE LAPIN AUX NOISETTES

LES TERRINES SONT DES CHARCUTERIES QUE L'ON PEUT DÉCLINER EN DE TRÈS NOMBREUSES VERSIONS. CELLE QUE JE VOUS PRÉSENTE ICI, À BASE DE LAPIN, CONTIENT AUSSI DE L'ÉCHINE DE PORC, CAR C'EST CE QUI LUI PERMETTRA D'ÊTRE PLUS MOELLEUSE ET ONCTUEUSE. LE LAPIN EST UNE VIANDE AU GOÛT FIN ET DÉLICAT ; MARINÉE DANS DU COGNAC OU DE L'ARMAGNAC AVEC DES AROMATES, LA CHAIR N'EN SERA QUE PLUS GOÛTEUSE ET TENDRE. LES NOISETTES AMÈNENT QUANT À ELLES UN CÔTÉ CROQUANT FORT AGRÉABLE !

ACCORD PARFAIT

Voilà un plat qui donne envie de faire un bon casse-croûte entre amis ou en famille ! Il va appeler un « vin de copains », plein de friandises, avec des tanins légers et une belle fraîcheur pour contrebalancer le gras de la terrine. On pourra ouvrir une bouteille de **gamay des Côtes du Forez,** de la **Côte roannaise** et bien entendu un **beaujolais,** générique et non boisé, pour le côté fruits rouges gourmand et l'acidité importante qui remettra en état les papilles !

EN RÉSUMÉ

- côtes-du-forez (gamay)
- côte-roannaise (gamay)
- beaujolais générique et non boisé

ACCORDS ORIGINAUX

Si ce plat est servi en période estivale, pourquoi ne pas servir un rosé de la vallée du Rhône, comme un **tavel** ? Il offrira de la fraîcheur, de la gourmandise, de la structure en bouche, mais aussi des notes épicées, liées à l'utilisation du cépage syrah. Un vin de l'appellation **ventoux,** plus confidentielle, vinifié en rosé ou en rouge peut également très bien s'accommoder à notre terrine.

EN RÉSUMÉ

- tavel
- ventoux
- ventoux

ENTRÉES

AUTRES ACCORDS

Aubergines farcies à la coppa et mozzarella	costières-de-nîmes · languedoc / côtes-du-rhône
Bouchées à la reine	meursault / crozes-hermitage / chenin (Afrique du Sud)
Boudin blanc	saint-véran / savennières / châteauneuf-du-pape
Cake à la coppa et chèvre frais	côtes-de-provence / sancerre / mâcon
Chaussons au fenouil et saumon fumé	saumur / vin-de-corse-figari / alsace pinot blanc
Dorade en carpaccio aux fruits de la passion	duché-d'uzès / saint-chinian / pacherenc-du-vic-bilh sec
Foie gras cru au pain d'épices et éclats de groseilles	coteaux-de-l'aubance · condrieu / alsace gewurztraminer
Foie gras en torchon, citron vert et salade thaï	châteauneuf-du-pape / vin-de-corse-sartène / corbières
Melon vert au jambon fumé	porto blanc · pouilly-fumé / alsace riesling
Millefeuille de viande des grisons au chou-fleur	juliénas · pessac-léognan · côte-roannaise
Millefeuille de concombre et chèvre frais	sancerre / saint-pourçain / rías baixas (Espagne)
Moelleux aux spéculoos, cœur de foie gras	alsace gewurztraminer / coteaux-du-layon / vin de paille
Œufs de caille coulants et pancetta grillée	régnié / anjou-gamay · pouilly-fumé
Petits pots de rillettes de langue au poivre rose	côtes-de-provence / ventoux / alsace gewurztraminer sec
Pissaladière au saumon et lentilles	bellet / bandol · côtes-de-provence
Pounty aux pruneaux	côtes-du-forez / côtes-d'auvergne-boudes / fronton
Quiche au chorizo et au basilic	saint-joseph / côtes-du-rhône / côtes-de-provence
Quiche au thon et au yaourt	sancerre / alsace sylvaner / jurançon sec
Quiche aux tomates	bourgueil / blaye-côtes-de-bordeaux / côtes-du-rhône
Rillettes de canard à la citronnelle	rully / côtes-du-jura · saumur-champigny
Salade de lentilles au cervelas	muscadet / jurançon sec · marcillac
Samosas aux légumes	champagne brut · menetou-salon / falério (Italie)
Soupe à l'oignon	alsace sylvaner / vinho verde (Portugal) / vin-de-savoie-monterminod
Taboulé	menetou-salon / muscat sec (Pays d'Oc) · côtes-de-provence
Tians de légumes au basilic et mozzarella	baux-de-provence · côtes-de-provence / bandol
Tielle sétoise	faugères · côtes-de-thau / côtes-du-roussillon
Tomates à la mozzarella	bellet / pic-saint-loup · cassis

COQUILLAGES & CRUSTACÉS

LES COQUILLAGES SONT TRÈS NOMBREUX SUR LE LITTORAL FRANÇAIS ET DANS LE MONDE BIEN ÉVIDEMMENT ! ILS PEUVENT ÉGALEMENT PROVENIR D'ÉTANGS, COMME LES HUÎTRES DE BOUZIGUES, À THAU. EN RAISON DE LEUR ORIGINE, DE LA SALINITÉ DE L'EAU DANS LAQUELLE ILS ONT GRANDI, ILS SONT PLUS OU MOINS IODÉS. IL FAUDRA DONC DE PRÉFÉRENCE CHOISIR DES VINS BLANCS SECS ASSEZ VIFS, DOTÉS D'UNE ACIDITÉ CAPABLE DE RÉSISTER AU CÔTÉ SALIN DU COQUILLAGE, QU'IL SOIT CRU OU CUIT.

LES CRUSTACÉS ONT QUANT À EUX UNE CHAIR PLUS FERME. ILS PEUVENT ÊTRE CUITS DE DIFFÉRENTES FAÇONS, ET SONT SOUVENT SERVIS AVEC UNE SAUCE DONT IL FAUDRA BIEN ENTENDU TENIR COMPTE LORS DE NOTRE ACCORD. IL EST À NOTER QUE CES CRUSTACÉS SONT BEAUCOUP MOINS IODÉS QUE LES COQUILLAGES. ON SERVIRA DONC SOUVENT DES BLANCS RONDS, OPULENTS, AVEC UNE BELLE FRAÎCHEUR. UN ÉLEVAGE EN FÛT SERA ENVISAGEABLE SELON L'ACCOMPAGNEMENT. DE TRÈS BEAUX VINS ROSÉS POURRONT AUSSI FAIRE UN MARIAGE HEUREUX.

CALAMARS FARCIS

LE CALAMAR (OU CALMAR) EST UN MOLLUSQUE QUI, COMME LA SEICHE OU LE POULPE, CRACHE DE L'ENCRE POUR SE DÉFENDRE. IL PREND ÉGALEMENT LE NOM D'ENCORNET, INSPIRÉ PAR SA COQUILLE DORSALE INTERNE EN FORME DE CORNE. DANS LE PAYS BASQUE, IL PRENDRA LE NOM DE CHIPIRON, TANDIS QUE DANS LE SUD-EST DE LA FRANCE, ON PARLERA DE SUPION. DANS LA RECETTE QUI NOUS OCCUPE IL EST DONC FARCI, ET C'EST CETTE FARCE QUI VA DONNER SON GOÛT PRINCIPAL AU PLAT. C'EST SUR CELLE-CI QUE L'ON VA SE BASER POUR TROUVER NOS ACCORDS METS-VINS.

ACCORD PARFAIT

Il va falloir amener de la fraîcheur. Il faudra aussi prendre en compte la texture un peu « caoutchouteuse » en bouche, donc ne pas choisir un vin trop gras. Il est également conseillé d'opter pour un **vin non boisé** afin de préserver les parfums de la farce.

On pourra partir sur un vin blanc, de richesse moyenne, avec une belle tension. Un **bourgogne-aligoté** saura se faire discret et relever les saveurs du plat. Si par goût on préfère un vin un peu plus tendre, le choix pourra se porter sur un **crozes-hermitage blanc.** Enfin, il est possible d'accorder notre farce avec un joli **rosé** comme un **côtes-de-provence,** riche en fruits et non boisé.

EN RÉSUMÉ

- bourgogne-aligoté
- crozes-hermitage
- côtes-de-provence

ACCORDS ORIGINAUX

Pour accompagner ces chipirons, on peut s'aventurer dans une appellation du Sud-Ouest, le **côtes-du-marmandais,** dans le Lot-et-Garonne, dont le sauvignon est le cépage majeur en blanc. Même si cette AOC produit 85 % de vin rouge, on y trouve des vins blancs intéressants à découvrir. Le cépage va léguer au vin ses arômes végétaux et floraux tout en apportant une bouche vive. Cela en fera un parfait compagnon pour nos calamars farcis.

Pour ceux qui veulent épater leurs convives avec un vin moins connu tout en se faisant plaisir, il est possible de partir dans le Sud de l'Espagne, en Andalousie, et servir un **xérès.** Il faudra prendre la précaution de le choisir dans sa version « fino ». C'est un vin de voile élevé en solera, qui amènera des notes de fruits secs, une texture ronde mais avec une belle tension acide, voire saline, qui amènera un véritable plus pour notre plat.

À savoir

La solera est un mode de vieillissement des vins qui consiste à empiler les fûts sur plusieurs hauteurs. Le premier étage au sol est appelé « solera » et les étages supérieurs « criadera ». Les barriques du bas sont celles qui contiennent les vins qui ont subi le plus long vieillissement. Lorsqu'on met en bouteille du vin d'une solera, on recomplète le niveau du fût avec le vin des deux barriques situées au-dessus. On procède ainsi de suite jusqu'au dernier étage. Les fûts sont ainsi remplis avec du vin plus jeune.

EN RÉSUMÉ

- côtes-du-marmandais
- xérès dans sa version « fino » (Espagne)

HUÎTRE CRUE

L'HUÎTRE CRUE SE DISTINGUE PAR SON CÔTÉ IODÉ ET CHARNU, CARACTÉRISTIQUES QUI VONT BIEN ENTENDU DÉPENDRE DE SON BASSIN DE PRODUCTION (MÉDITERRANÉE, ATLANTIQUE), OU ENCORE DE SON ÉLEVAGE EN EAUX CLAIRES OU NON. DEUX PETITES ASTUCES POUR MIEUX SAVOURER UNE HUÎTRE : LA PREMIÈRE CONSISTE À L'OUVRIR QUELQUES MINUTES AVANT SA CONSOMMATION, LE TEMPS QU'ELLE FASSE UNE SECONDE EAU, ENCORE MEILLEURE QUE CELLE JETÉE À L'OUVERTURE ; LA SECONDE EST D'ÉVITER DE METTRE TROP DE CITRON OU DE VINAIGRE : VOUS PRÉSERVEREZ AINSI LES SAVEURS DE L'HUÎTRE ET DU VIN.

ACCORD PARFAIT

Pour un accord harmonieux il faudra choisir un vin proposant une belle minéralité et une acidité soutenue, de façon à mettre en avant les parfums du crustacé. Un blanc trop rond pourrait faire ressortir une amertume désagréable.

Un accord avec un **blanc sec local** peut parfaitement s'accommoder, et reste le moyen le plus sûr de ne pas se tromper : Le **picpoul-de-pinet en languedoc** pour les bouzigues, un **entre-deux-mers** pour les huîtres du bassin d'Arcachon, ou bien un **muscadet sur lie** pour celles de Bretagne ou Normandie.

Je conseille également un **saint-pourçain blanc à base de tressallier,** vieux cépage autochtone, que l'on retrouve en faible quantité dans le nord de la Bourgogne, sous le nom de sacy. La belle acidité de ce cépage sera parfaite.

EN RÉSUMÉ

- blanc sec local (picpoul-de-pinet en languedoc pour les bouzigues, entre-deux-mers pour les huitres du bassin d'Arcachon, muscadet sur lie pour celles de Bretagne ou Normandie)
- saint-pourçain (tressallier)

ACCORDS ORIGINAUX

On peut opter pour un **champagne brut sans année (BSA)**, assez vineux, pour apporter de la vivacité avec une bulle fine. On ne cherchera pas ici un champagne trop complexe, mais plutôt de la fraîcheur et du fruité. Un champagne BSA est un champagne non millésimé, qui aura vieilli au minimum quinze mois, et dont l'assemblage dépend de chaque maison. Pour les huîtres, il me semble intéressant de privilégier un assemblage à forte proportion de pinot.

Le choix peut également se porter sur un **riesling allemand Kabinett** de la région de Moselle ou de Rheingau, qui est très sec. Il faut savoir que de l'autre côté du Rhin, les vins sont classés selon le taux de sucre résiduel contenu dans les cuvées. Ainsi, « Kabinett » correspond à des blancs secs. La particularité de ce vin est à la fois son acidité forte, mais aussi ses arômes floraux et minéraux. Ces caractéristiques mettront en valeur le parfum de l'huître, ainsi que la saveur/la texture de sa chair, sans pour autant la masquer. Son degré d'alcool est appréciable en début de repas en ce qu'il ne gâche aucune saveur et ne sature pas les papilles.

Un **rhum blanc AOP de la distillerie martiniquaise Trois Rivières, Cuvée de l'océan** conviendra également très bien. Il a la particularité d'être produit à partir de cannes à sucre provenant uniquement de l'anse Trabaud à l'extrême sud de l'île, et poussant les pieds dans l'eau. En résulte un alcool aux notes iodées et citronnées, avec une finale saline en bouche. Ce rhum blanc sera le complément idéal de l'huître tant au niveau des arômes que de la texture de la chair.

EN RÉSUMÉ

- △ champagne brut sans année (BSA)
- ○ riesling « Kabinett » (Allemagne)
- ⬡ rhum blanc AOP de la distillerie martiniquaise Trois Rivières, Cuvée de l'océan

HUÎTRES CHAUDES EN SABAYON

POUR CETTE RECETTE, ON UTILISE SOUVENT DES HUÎTRES CHARNUES POUR QU'ELLES NE RÉDUISENT PAS À LA CUISSON, ET AFFINÉES EN EAU CLAIRE AFIN D'AVOIR UNE SAVEUR À LA FOIS MOINS SALINE ET PLUS RICHE AROMATIQUEMENT. LE SABAYON, SAUCE À BASE DE JAUNE D'ŒUF ET DE CHAMPAGNE, POURRA ÊTRE COMPLÉTÉ PAR DE LA CRÈME FRAÎCHE DE FAÇON À CONSERVER TOUT LE MOELLEUX DE L'HUÎTRE. IL N'EST CEPENDANT PAS UTILE DE MULTIPLIER LES AROMATES AFIN QUE CEUX-CI NE PRENNENT PAS LE DESSUS SUR LE CRUSTACÉ OU LE VIN !

ACCORD PARFAIT

L'huître chaude en sabayon étant moins iodée que l'huître crue, on pourra se permettre un accord avec un vin blanc un peu moins sec, ce qui permettra toutefois de préserver une belle tension nerveuse. Je partirais sur un blanc de Loire à base de sauvignon type **pouilly-fumé,** qui amènera ses notes caractéristiques de « pierre-à-fusil », très agréables sur ce plat.

On pourrait aussi boire un **mâcon-solutré-pouilly,** 100 % chardonnay, dont le sol calcaire apportera la fraîcheur nécessaire.

Enfin, on peut bien entendu finir la bouteille de **champagne** que l'on aura utilisé pour réaliser le sabayon.

EN RÉSUMÉ

- ○ pouilly-fumé
- ○ mâcon-solutré-pouilly
- △ champagne

ACCORDS ORIGINAUX

Si sur l'huître crue je vous ai conseillé un riesling allemand, on pourra cette fois rester sur un **riesling alsacien** ou un **pinot blanc.** Les notes florales permettront de mettre en avant le sabayon.

On peut aussi accompagner ce plat d'un **chablis,** vin de l'extrême nord de la Bourgogne. Ce vin possède une belle minéralité en raison de ses sols essentiellement calcaires.

Un **coteaux-champenois,** vin blanc sec de Champagne peu connu, offre des parfums fruités et floraux, mais surtout une acidité soutenue. Il saura se mettre au service de plat.

EN RÉSUMÉ

- ○ alsace riesling ou alsace pinot blanc
- ○ chablis
- ○ coteaux-champenois

LANGOUSTES GRILLÉES FLAMBÉES À L'ANIS

BIEN QUE TRÈS SIMPLE À RÉALISER, CETTE RECETTE N'EN EST PAS MOINS GOÛTEUSE. EN EFFET, LA LANGOUSTE, CRUSTACÉ À CHAIR FERME ET AU GOÛT RAFFINÉ, SE SUFFIT À ELLE-MÊME POUR DONNER À CE PLAT TOUTE SES SAVEURS ET SON GOÛT EXALTANT. IL SUFFIT AINSI DE LA TRANCHER EN DEUX ET DE LA FAIRE GRILLER TELLE QU'ELLE (LA CUISSON AU BARBECUE RESTE IDÉALE), D'ABORD CÔTÉ CARAPACE, ENSUITE CÔTÉ CHAIR, SANS AJOUT D'INGRÉDIENTS, HERBES OU AROMATES. EN FIN DE CUISSON, ON DÉPOSE SIMPLEMENT UN PETIT VERRE D'APÉRITIF ANISÉ QUE L'ON FLAMBE. CECI AMÈNERA DE LA FRAÎCHEUR À LA LANGOUSTE, SANS POUR AUTANT LA DÉNATURER ! UN TOUR DE MOULIN À POIVRE ET UNE PINCÉE DE SEL, ET LE TOUR EST JOUÉ !

ACCORD PARFAIT

Pour marier ce plat savoureux, il faudra privilégier un vin blanc sec, qui devra être à la fois frais et opulent et élevé en fût. Il apportera une aromatique complémentaire qui s'accordera aux saveurs liées au mode de cuisson. Un **bourgogne blanc de la région de Meursault,** ou un **pessac-léognan** dans sa jeunesse sauront s'accommoder à merveille de cette langouste.

EN RÉSUMÉ

- meursault
- pessac-léognan jeune

ACCORDS ORIGINAUX

On pourra, sur ce plat, se faire plaisir avec un blanc à base de chenin élaboré dans la Loire, et pourquoi pas avec l'appellation **vouvray.** On obtiendra ici une belle aromatique tout en conservant une belle acidité. Ce cépage, sur les sols de tuffeau, donne des vins extraordinaires de fraîcheur. Suivant les millésimes, ce cépage présente la particularité de produire des vins secs, demi-secs, moelleux et effervescents : attention à bien le choisir sec !

EN RÉSUMÉ

- vouvray sec

MOULES MARINIÈRES

LES MOULES MARINIÈRES SONT DEVENUES UNE SPÉCIALITÉ DU NORD DE LA FRANCE ET DE LA BELGIQUE, ET SONT PLUS CONNUES SOUS LE SIMPLE NOM DE « MOULES-FRITES ». LES MOULES SONT CUITES DANS UNE SAUCE MARINIÈRE, À BASE DE VIN BLANC, D'ÉCHALOTES, DE PERSIL, D'AIL ET DE BEURRE. CETTE PRÉPARATION CONFÈRE UN GOÛT PRONONCÉ AUX MOLLUSQUES, QUI PERDENT AINSI UN PEU DE LEUR IODE. SI CERTAINES MOULES RESTENT FERMÉES APRÈS LA CUISSON, PROLONGEZ CELLE-CI DE QUELQUES MINUTES. CERTAINES ONT EN EFFET BESOIN DE PLUS DE CHALEUR POUR QUE LEUR MUSCLE SE DÉCONTRACTE ET OUVRE LA COQUILLE. MAIS SACHEZ QUE, CONTRAIREMENT À LA CROYANCE POPULAIRE, LES MOULES FERMÉES NE SONT PAS IMPROPRES À LA CONSOMMATION ! VOUS POUVEZ LES DÉGUSTER SANS SOUCI !

ACCORD PARFAIT

Pour accompagner ce plat, nous resterons dans les standards des vins accompagnant les fruits de mer. Le côté iodé étant un peu moins prononcé que chez les crustacés vivants, on pourra aussi privilégier des vins blancs secs, mais peut-être plus aromatiques, tout en prenant soin de les choisir frais et sans note boisée. On pourra donc bien évidemment partir sur un blanc de Loire à base de sauvignon comme un **pouilly-fumé** ou un **sancerre.** Leurs notes minérales et tranchantes, avec des parfums d'agrumes, se marieront bien avec nos moules marinières.

EN RÉSUMÉ

- pouilly-fumé
- sancerre

ACCORDS ORIGINAUX

Pour ce plat, on peut servir un vin d'Alsace, **100 % pinot blanc.** Ce cépage est né en Bourgogne d'une mutation du pinot gris. On peut aussi le trouver sous le nom de « klevner » s'il est assemblé à de l'auxerrois. C'est un vin frais, avec un fruité élégant. Sa légère acidité en fait un vin tendre. Il saura préserver les saveurs de la moule, et maîtriser son côté salin. Un bel accord à expérimenter !

Et pourquoi pas une bière pour changer ? C'est souvent le cas dans le Nord de la France et en Belgique ! La fraîcheur et la bulle mettront en avant les parfums des moules, tout en maîtrisant l'acidité de la sauce et le salé des frites, puisque c'est leur principal accompagnement ! On conseillera ici une **bière blonde,** assez légère et avec peu d'amertume. On pourra se diriger sur une **lager,** issue d'une fermentation basse, et peu alcoolisée. Il est conseillé de la boire assez fraîche, à environ 4 à 7 °C.

EN RÉSUMÉ

- alsace pinot blanc
- lager (bière)

PLATEAU DE FRUITS DE MER

LA COMPOSITION D'UN PLATEAU DE FRUITS DE MER RESTE TRÈS VARIÉE EN TERMES DE SAVEURS ET TEXTURES SELON LES CRUSTACÉS ET COQUILLAGES CHOISIS, BIEN QUE LA SALINITÉ SOIT LE VECTEUR PRINCIPAL DE CE PLAT. AINSI, ON POURRA Y TROUVER DES BULOTS, BIGORNEAUX, PALOURDES, HUÎTRES, CREVETTES, LANGOUSTINES, ARAIGNÉES... CRUS OU CUITS SELON LEUR MODE DE CONSOMMATION. LE PLATEAU EST SOUVENT ACCOMPAGNÉ DE CITRON, ET D'UNE SAUCE QUI EST LE PLUS SOUVENT DE LA MAYONNAISE. IL FAUDRA DONC JOUER À LA FOIS SUR LES PARFUMS IODÉS, MAIS AUSSI CITRONNÉS QUE L'ON PEUT TROUVER DANS LES ACCOMPAGNEMENTS.

ACCORD PARFAIT

L'accord le plus simple, mais néanmoins très efficace, sera encore une fois un **accord régional.** C'est-à-dire que l'on choisira un vin blanc sec, non boisé, avec une certaine acidité, produit non loin de la mer ou de l'océan. Il pourra apporter une note saline, parfaitement appropriée pour le plat.

On pourra ainsi choisir un **muscadet sur lie** de la région nantaise. Son cépage, le melon-de-bourgogne, lui confère une belle trame acide, avec des notes d'agrumes et minérales, qui sauront dompter l'iode des crustacés. Ce sera également le cas d'un vin de la région bordelaise, de l'appellation **entre-deux-mers.** La tension du sauvignon saura s'adapter aux fruits de mer, tout en mettant en avant leurs saveurs.

Enfin, on pourra aussi choisir un **côtes-de-provence blanc,** dans une version simple et non boisée, à base de vermentino et d'ugni blanc. Encore une fois, le but est ici d'avoir un vin qui apporte de la tension pour se marier au mieux avec le côté iodé et les textures fines du mets.

EN RÉSUMÉ

- muscadet sur lie
- entre-deux-mers
- côtes-de-provence

ACCORDS ORIGINAUX

Sur un plateau de fruits de mer complet composé de saveurs diverses, on prendra principalement en compte le côté iodé. On pourra donc servir un **champagne blanc de blancs** dont le profil aromatique, la vivacité de la bulle et la fine acidité sauront exacerber les saveurs sans prendre le dessus, et estomper le côté iodé sans pour autant le masquer. Un bel accord à découvrir notamment lors des fêtes de fin d'année, car c'est la belle période pour avoir des crustacés frais en poissonnerie !

EN RÉSUMÉ

△ champagne blanc de blancs

À savoir

Pour ceux qui auraient la possibilité de trouver une cuvée de champagne 100 % pinot blanc, ce qui est très rare, n'hésitez pas ! L'accord se révélera exceptionnel.

SAINT-JACQUES À LA FONDUE DE POIREAUX

DANS CETTE RECETTE, LES NOIX DE SAINT-JACQUES SONT SOUVENT SIMPLEMENT RISSOLÉES QUELQUES INSTANTS ET JUSTE ASSAISONNÉES, DE MANIÈRE À CONSERVER LEUR GOÛT RAFFINÉ ET LE MOELLEUX EXTRAORDINAIRE QU'ELLES PROCURENT EN BOUCHE. ELLES PEUVENT ÊTRE CUISINÉES AVEC OU SANS LEUR CORAIL, QUI N'EST PAS ESSENTIEL AU GOÛT FINAL DU PLAT. CUISINÉ FONDANT AVEC DE LA CRÈME FRAÎCHE, LE POIREAU PRÉSENTE UN CÔTÉ DOUX ET LÉGÈREMENT SUCRÉ. AGRÉMENTÉ DE PIMENT D'ESPELETTE, CELA AMÈNERA DU PIQUANT À CE PLAT D'UNE GRANDE FINESSE !

ACCORD PARFAIT

L'accord devra prendre en compte de nombreuses variables, comme la finesse de la saint-jacques, la crème ou encore la saveur prononcée du poireau. On pourra servir un vin issu de cépage chardonnay, disposant malgré tout d'une belle fraîcheur. Un **pouilly-fuissé** saura amener sa rondeur et son équilibre, à condition toutefois de ne pas le choisir trop boisé. Son appellation voisine, **pouilly-loché,** offrira aussi un bel accord. Enfin, un **limoux blanc,** avec une belle tension acide, saura aussi révéler ce plat.

EN RÉSUMÉ

- pouilly-fuissé pas trop boisé
- pouilly-loché
- limoux

ACCORDS ORIGINAUX

Pour servir un vin plus original, on peut choisir un vin blanc de Corse, de l'appellation **patrimonio.** Issu de cépage vermentino, sur des terroirs assez frais, le patrimonio offre des vins à la fois fruités et floraux, mais qui ne sont jamais lourds. Le cépage apporte une acidité suffisante et confère au vin un côté très légèrement salin. À la fois gourmand et revigorant, cette appellation conviendra parfaitement à notre plat.

EN RÉSUMÉ

- patrimonio

COQUILLAGES & CRUSTACÉS

AUTRES ACCORDS

Écrevisses aux agrumes	jurançon sec / ventoux / vin-de-savoie-crépy
Araignées tièdes aux jeunes poireaux	pouilly-fuissé / côtes-de-beaune / chinon
Bulots froids et toasts de seigle au beurre demi-sel	fiefs-vendéens / entre-deux-mers / alsace sylvaner
Cagouilles à la saintongeaise	bordeaux ● beaujolais-villages / anjou
Carpaccio de saint-jacques écume de fruits de la passion	pinot blanc de Loire / saint-joseph / montlouis-sur-loire
Coquilles saint-jacques gratinées	saint-aubin / alsace riesling grand cru / vouvray
Éclade	haut-poitou / saint-pourçain / muscadet
Écrevisses au sauternes	sauternes / côtes-de-gascogne / coteaux-de-l'aubance
Émincé de calamars à l'américaine	alsace gewurztraminer / meursault / saint-péray
Encornets à la niçoise	chablis / bellet ● tavel
Gambas poêlées, écume coco-curry	condrieu / palette / chardonnay (Afrique du Sud)
Homard à l'américaine	hermitage / corton-charlemagne / jasnières
Langouste froide à la mayonnaise	meursault / pessac-léognan ▲ champagne non dosé
Moules farcies	touraine / blaye-côtes-de-bordeaux / muscadet-côtes-de-grandlieu sur lie
Palourdes à la provençale	bandol / vin-de-corse-porto-vecchio / côtes-du-rhône
Risotto aux moules et au chorizo	crozes-hermitage / languedoc ● collioure
Saint-jacques au pamplemousse rôti	alsace gewurztraminer grand cru / puligny-montrachet / saint-péray
Soufflé d'écrevisses	champagne brut sans année / crémant-de-bourgogne ● anjou
Zarzuella	côtes-du-roussillon / penedès (Espagne) / montsant (Espagne)

POISSONS

IL EXISTE DE NOMBREUSES VARIÉTÉS DE POISSONS, PLUS OU MOINS GRAS, AVEC DES TEXTURES DE CHAIR BIEN DIFFÉRENTES. UNE DAURADE, UN LOUP OU UNE SARDINE NE DEMANDERONT PAS LE MÊME VIN. D'AUTRE PART, IL FAUDRA PRENDRE EN COMPTE LA CUISSON : ON PEUT TROUVER DU POISSON CRU, FUMÉ, OU CUIT DE DIFFÉRENTES MANIÈRES, AVEC DIFFÉRENTES PRÉPARATIONS. CETTE DIVERSITÉ REND L'ACCORD COMPLEXE, CAR IL N'Y A PAS UN, MAIS UNE PLURALITÉ DE MARIAGES POSSIBLES, DU PLUS SIMPLE AU PLUS AUDACIEUX. ON PRIVILÉGIERA SOUVENT LES VINS BLANCS, PLUS OU MOINS OPULENTS, ÉLEVÉS OU NON EN BARRIQUE, SUIVANT LA RECETTE CHOISIE. TOUTEFOIS, POUR CEUX QUI N'AIMENT PAS LE VIN BLANC, ON POURRA DÉGUSTER UN ROSÉ, DONT LA STRUCTURE ACIDE EST TRÈS PROCHE DE CELLE D'UN VIN BLANC. POUR LES INCONDITIONNELS DU VIN ROUGE, ON POURRA L'ACCORDER À NOTRE PLAT DE POISSON À CONDITION DE S'ASSURER QU'IL NE SOIT PAS TANNIQUE. ON LE CHOISIRA JEUNE, LÉGER ET PORTÉ PAR LES FRUITS OU, AU CONTRAIRE, ÂGÉ : LE TEMPS AURA ALORS POLI LES TANINS. POURQUOI PAS UN VIN ROUGE DU MÉDOC D'UNE QUINZAINE D'ANNÉES, OU UN VIN ROUGE DE BOURGOGNE D'UNE DIZAINE D'ANNÉES.

BROCHET AU BEURRE BLANC

LE BROCHET EST UN POISSON D'EAU DOUCE, DONT LA TAILLE ADULTE VARIE DE 30 À 110 CENTIMÈTRES. LA CHAIR BLANCHE DE CE CARNASSIER EST PARTICULIÈREMENT TENDRE ET SAVOUREUSE. DANS CETTE RECETTE, LE POISSON EST SIMPLEMENT CUISINÉ ENTIER, EN COURT-BOUILLON, AFIN QU'IL SOIT LE MOINS POSSIBLE DÉNATURÉ. LA SAUCE AU BEURRE BLANC, RICHE ET CRÉMEUSE, SERT D'ACCOMPAGNEMENT, ET VA PERMETTRE DE RÉVÉLER LES PARFUMS LES PLUS DÉLICATS DE CE METS. IL EST À NOTER QUE SUR LA CÔTE NORD-ATLANTIQUE DE LA FRANCE, CETTE RECETTE EST SOUVENT RÉALISÉE AVEC DU BEURRE DEMI-SEL !

ACCORD PARFAIT

Sur ce plat d'une grande finesse, un joli vin blanc de belle richesse s'impose. On pourra même le choisir légèrement boisé et un peu évolué, qui aurait vieilli trois à cinq ans si possible.

Un **chablis, de préférence en grand cru,** apportera sa richesse aromatique, et une longue finale minérale. Les parfums fins et complexes ne prendront pas pour autant le dessus sur les saveurs du brochet.

Un **saint-joseph blanc,** issu de roussanne et de marsanne, saura également être un bon compagnon pour ce plat. Ses notes de pêche, d'abricot mais aussi d'acacia sauront se marier avec le brochet. Son équilibre en bouche servira la finesse de ce poisson et s'accommodera à la perfection au beurre blanc.

EN RÉSUMÉ

- chablis, de préférence en grand cru
- saint-joseph

ACCORDS ORIGINAUX

Si l'on veut se faire plaisir et transcender ce plat merveilleux, un **hermitage blanc, âgé de six à huit ans,** saura se révéler fantastique. Cette prestigieuse AOC de la vallée du Rhône septentrionale, étendue sur seulement 135 hectares, offre des rouges de renom issus de la syrah. On y trouve également de rares cuvées en blanc, issues de roussanne et marsanne. Leur complexité aromatique, leur bouche ample et opulente, leur équilibre très peu acide en font des vins d'exception.

On peut partir sur une option moins onéreuse, mais tout aussi originale, en choisissant de servir un **vin blanc du Portugal,** de l'appellation **dão.** Ces cépages autochtones, comme malvasia fina, bical, cerceal ou encore alvarinho, permettent l'élaboration de cuvées très aromatiques sur les agrumes confits, avec des notes d'épices douces. La bouche, à la fois fraîche et originale, offre une belle profondeur. Ces caractéristiques permettront un joli accord avec notre brochet au beurre blanc.

EN RÉSUMÉ

- hermitage âgé de 6 à 8 ans
- dão (Portugal)

DAURADE AU SAFRAN

LA DAURADE, OU DORADE, CORRESPOND EN FAIT À PLUSIEURS ESPÈCES DE POISSONS QUI DIFFÈRENT SELON LES ZONES DE PÊCHE. AINSI, EN FRANCE, CE TERME DÉSIGNE LA DAURADE ROYALE. C'EST UN POISSON CÔTIER QUE L'ON TROUVE DANS DES FONDS MARINS DE MOINS DE CENT CINQUANTE MÈTRES, EN MÉDITERRANÉE, MAIS AUSSI EN MER DU NORD, DANS LA MANCHE ET EN ATLANTIQUE, DES CÔTES SCANDINAVES AUX CÔTES SÉNÉGALAISES. C'EST UN POISSON TRÈS RÉPANDU DANS NOTRE PAYS, CAR IL SE CUISINE FACILEMENT ET S'ADAPTE À TOUTES SORTES DE SAVEURS. DANS NOTRE RECETTE, ON L'ASSOCIE AU SAFRAN, UNE ÉPICE EXTRAITE DE LA FLEUR DE CROCUS. LA COULEUR DE SES PISTILS LUI VAUT LE SURNOM D'« OR JAUNE », ET C'EST BIEN MÉRITÉ CAR IL S'AGIT DE L'ÉPICE LA PLUS CHÈRE AU MONDE ! LE SAFRAN VA ICI SERVIR D'EXHAUSTEUR DE GOÛT, ET SA SAVEUR MIELLÉE VA PERMETTRE D'ADOUCIR LES PARFUMS SALINS DE LA DAURADE.

ACCORD PARFAIT

Pour un accord sur ce plat il sera important de faire attention à la finesse de la chair, aux arômes safranés, mais surtout à la peau légèrement salée du poisson. Il faudra de toute évidence servir un vin blanc sec aromatique, peu évolué, et d'une belle fraîcheur. Un **chardonnay frais du Chablisien** tiendra parfaitement ce rôle. On privilégiera peut-être ici un **premier cru** pour avoir une structure plus ample mais aussi une tension finale plus longue. Cette richesse supplémentaire saura mettre en valeur les notes de safran sans toutefois faire ressortir le côté salé de la peau de la daurade. Je conseillerais un court passage en carafe et une température de service aux alentours de 10 à 12 °C. Si l'on reste sur un **chablis « générique »,** inutile de carafer et servir un peu plus frais (7-9 °C).

EN RÉSUMÉ

- chablis premier cru
- chablis « générique »

ACCORDS ORIGINAUX

Sur cette daurade au safran, on peut aller visiter un vignoble de l'Europe de l'Est, et plus particulièrement la **Hongrie.** Si on connaît le terroir du Tokay pour son vin liquoreux, il existe aussi dans cette région de très beaux vins blancs secs issus du **cépage furmint.** Ses notes d'agrumes et de fleurs, qui ne sont pas sans rappeler certains vins issus de sauvignon, ainsi que sa bouche fraîche, parfois un peu saline, feront de ce blanc un compagnon original pour notre daurade.

Puisque la daurade est un poisson que l'on consomme aussi beaucoup en **Grèce,** vous pourrez bien évidemment vous orienter sur un blanc sec de ce pays, à base du **cépage assyrtiko.** Cette variété de raisins autochtones, originaire de l'île de Santorin, offre des blancs d'une minéralité exceptionnelle. Il saura mettre en valeur la daurade avec sa chair fine et les saveurs du safran. Il faut savoir que même s'il est pratiquement inconnu en France, ce vin est enregistré au catalogue officiel des variétés de vignes de raisins de cuve.

EN RÉSUMÉ

- vin de Hongrie (furmint)
- vin de Grèce (assyrtiko)

LAMPROIE À LA BORDELAISE

LA LAMPROIE À LA BORDELAISE EST UN METS TRADITIONNEL DE LA CUISINE AQUITAINE, QUE L'ON TROUVE ÉGALEMENT EN ESPAGNE ET AU PORTUGAL. CE POISSON, QUI RESSEMBLE PLUS OU MOINS À UNE ANGUILLE, EST CUIT DANS SON SANG, DANS DU VIN ROUGE, DANS DES BLANCS DE POIREAUX ET DANS UNE SAUCE À BASE D'OIGNON, D'AIL, DE FUMET ET DE LARD FUMÉ. CETTE PRÉPARATION CONFÈRE À CE PLAT UN GOÛT D'UNE GRANDE FINESSE QUI SE RAPPROCHERA PLUS D'UNE VIANDE QUE D'UN POISSON !

ACCORD PARFAIT

Pour ce plat « singulier », on jouera sur l'accord régional, et, chose rare, nous servirons un vin rouge du Bordelais. Par contre, on prendra la précaution d'avoir un vin souple, aux tanins fins et soyeux, avec un boisé très léger. Les merlots et notamment ceux produits sur la rive droite auront ces caractéristiques. On choisira alors un **saint-émilion,** ou un **saint-émilion grand cru** ayant déjà un peu évolué, avec un **vieillissement de cinq à sept ans.** Dans cet accord, les notes aromatiques du vin seront en adéquation avec la sauce, mais sa finesse est essentielle pour préserver les saveurs de la lamproie et du fumet.

EN RÉSUMÉ

- saint-émilion
- saint-émilion grand cru de 5 à 7 ans

ACCORDS ORIGINAUX

Pour sortir de l'Aquitaine, on servira un vin rouge du Languedoc, mais par n'importe lequel : un **cru malepère.** Cette appellation, située à côté de Carcassonne, à la particularité d'avoir un climat avec une influence océanique. Le cépage majoritaire en rouge est le merlot, complété par du cabernet sauvignon, du carbernet franc, et des variétés plus traditionnelles de la région, comme le grenache ou le cinsault. Comme pour l'accord précédent, le merlot va apporter du fruit, de la puissance, mais aussi une grande finesse de tanins. Parfait sur notre lamproie !

EN RÉSUMÉ

- malepère

QUENELLES DE POISSON SAUCE NANTUA

LES QUENELLES DE POISSON SONT SOUVENT PRÉPARÉES AVEC DU BROCHET, DONT LA CHAIR EST PARTICULIÈREMENT TENDRE ET GÉNÉREUSE. LA SAUCE NANTUA EST FAITE À PARTIR DE BÉCHAMEL ET DE BEURRE D'ÉCREVISSES. SON NOM PROVIENT DE LA VILLE ET DU LAC DE NANTUA, SITUÉS DANS L'AIN. SI CE PLAT FAIT PARTIE INTÉGRANTE DE LA GASTRONOMIE LYONNAISE, IL A SU DEVENIR UN PLAT TRADITIONNEL DANS TOUTE LA FRANCE.

ACCORD PARFAIT

Pour réaliser l'accord, on fera attention à ne pas masquer les saveurs de la quenelle, tout en apportant suffisamment de puissance de façon à ce qu'il puisse se mettre en valeur face à notre sauce à base de béchamel. On optera pour un blanc sec, riche et opulent, avec une belle complexité aromatique. Le choix pourra se porter sur un vin de la vallée du Rhône, 100 % viognier, en IGP **collines-rhodaniennes.** Pour se faire plaisir, un **condrieu** jouera aussi parfaitement son rôle sur notre quenelle.

EN RÉSUMÉ

- collines-rhodaniennes
- condrieu

ACCORDS ORIGINAUX

Sur ce plat d'une belle saveur, à la texture fine, il est possible de réaliser un accord avec un grand cru blanc de Bourgogne. Un **montrachet** ou un vin d'une appellation limitrophe entreront véritablement en communion avec la quenelle en raison de leur rondeur, leur complexité aromatique et leur longueur finale équilibrée. Un plaisir onéreux certes, mais qui marquera les esprits.

EN RÉSUMÉ

- montrachet
- autre grand cru de Bourgogne

VIVANEAU À LA TAHITIENNE

LE VIVANEAU EST UN POISSON TROPICAL, QUE L'ON RENCONTRE NOTAMMENT DANS LES EAUX DE LA RÉUNION, DE LA POLYNÉSIE ET DES CARAÏBES. IL EST PARTICULIÈREMENT APPRÉCIÉ DES ANTILLAIS, MAIS ON LE TROUVE DE PLUS EN PLUS EN MÉTROPOLE. LE MODE DE PRÉPARATION « À LA TAHITIENNE » CORRESPOND EN FAIT À UNE MARINADE : LE POISSON EST CRU, SIMPLEMENT MARINÉ DANS DU CITRON ET DU LAIT DE COCO, AGRÉMENTÉS D'OIGNON, D'AIL, ET D'ÉPICES LOCALES. CETTE PRÉPARATION PERMET D'OBTENIR UN POISSON À LA CHAIR TRÈS TENDRE ET FINEMENT RELEVÉE. ON PEUT BIEN SÛR ADAPTER CETTE PRÉPARATION À BIEN D'AUTRES POISSONS, COMME LE THON, LA DAURADE OU ENCORE LE SAUMON.

ACCORD PARFAIT

Dans cette recette, il faut prendre en compte les condiments, le citron, ainsi que la texture du poisson. On choisira un vin blanc sec, assez vif, très tendu sur la finale afin de mettre en avant les saveurs du vivaneau et contrer l'acidité. Un sauvignon de la Loire tiendra à merveille ce rôle. On pourra ici le choisir dans l'appellation **pouilly-fumé** et on veillera à ce qu'il n'ait pas été élevé sous bois, pour son côté minéral important. Il sera aussi possible de servir un **vin de Provence blanc,** à base de rolle (autre nom du vermentino), à condition de le choisir dans une version « simple », sur la fraîcheur, et non boisé.

EN RÉSUMÉ

- pouilly-fumé non boisé
- côtes-de-provence non boisé (rolle)

ACCORDS ORIGINAUX

Pour accompagner notre vivaneau à la tahitienne, quoi de mieux qu'un **vin de Tahiti** ? Dominique Auroy élabore un vin blanc sec, issu de trois cépages : le muscat-de-hambourg, l'italia, et le carignan. Ce cépage rouge est ici vinifié en blanc, ce qui lui donne une particularité supplémentaire. Les vignes sont cultivées sur l'atoll de Rangiroa, dans l'archipel des Tuamotu, îles situées à plus de 5 000 kilomètres du continent le plus proche. Les conditions exceptionnelles sur ces terres autorisent deux récoltes par an. Difficile, donc, de faire plus orignal que ce vin blanc fruité, porté par une belle acidité, et dont les notes d'agrumes seront parfaites avec le plat !

EN RÉSUMÉ

- vin de Tahiti

À noter

On notera que le vivaneau à la tahitienne se rapproche énormément du ceviche, un poisson cru mariné que l'on trouve en Amérique latine. Il existe quelques variantes dans lesquelles des légumes sont rajoutés (tomates, concombres, etc.). L'accord mets-vin pourra donc être identique.

SOLE MEUNIÈRE

LA SOLE CUISINÉE CHEZ NOUS EST UN POISSON PLAT QUE L'ON TROUVE DANS LES EAUX MARITIMES CÔTIÈRES D'EUROPE. LE PRINCIPE DE LA SOLE MEUNIÈRE CONSISTE À FARINER ET FRIRE LE POISSON (ENTIER DE PRÉFÉRENCE) DANS DU BEURRE, ET À PRÉPARER À CÔTÉ UNE SAUCE COMPOSÉE DE BEURRE NOISETTE, DE PERSIL ET DE JUS DE CITRON. CETTE CUISSON SIMPLE PERMET DE BIEN FAIRE RESSORTIR LA TEXTURE LÉGÈRE ET LA SAVEUR DOUCE DE LA SOLE.

ACCORD PARFAIT

La sole est un poisson à la chair fine. Son côté iodé imposera toutefois un vin blanc aromatique, avec un peu de gras en bouche, qui sublimera la sauce. On pourra aisément servir un blanc du Bordelais, issu de l'appellation **pessac-léognan.** Ce sont des vins riches, opulents, mais qui possèdent (en raison de la présence de sauvignon) une belle acidité et des notes d'agrumes, caractéristiques qui s'avéreront intéressantes sur ce plat. On essaiera de ne pas le choisir trop boisé, de façon à préserver les saveurs de la recette, mais quelques notes d'élevage en fût seront agréables.

EN RÉSUMÉ

- pessac-léognan pas trop boisé

ACCORDS ORIGINAUX

On pourra, pour accompagner cette sole meunière, servir un **blanc sec portugais,** de la région de **Bairrada** pour être précis. Cette appellation, située dans le centre-ouest du pays, offre des blancs secs fins et aromatiques. Le cépage le plus présent est le ferñao pires, connu également sous le nom de « mario gomes », complété par d'autres cépages autochtones comme l'arinto, le rabo de ovelha ou encore le cercial. À noter également la présence de chardonnay !

EN RÉSUMÉ

- bairrada (Portugal)

POISSONS

Alose à l'oseille	sancerre / picpoul-de-pinet / muscadet
Bar grillé	meursault / bandol / languedoc
Bricks au thon	tavel graves saumur-champigny
Cabillaud au colombo	limoux / collioure / saint-joseph
Carpe à la bière	pouilly-fumé / alsace riesling / coteaux-du-loir
Cuisses de grenouilles panées aux noisettes	pessac-léognan / pouilly-loché / bergerac
Gratin de thon aux saveurs méridionales	côtes-de-provence / collioure marsannay
Haddock à la crème	grüner veltliner (Autriche) / alsace pinot gris / quincy
Kefta de poisson	condrieu / collioure / côtes-de-provence
Koulibiac de saumon	alsace sylvaner / pouilly-fumé / bourgogne-aligoté
Lisettes à la dieppoise	minervois / châteauneuf-du-pape / montlouis-sur-loire
Maquereau en rillettes	costières-de-nîmes / saumur / cassis
Omble chevalier à la crème	puligny-montrachet / chablis premier ou grand cru / rías baixas (Espagne)
Pibales frites	fiefs-vendéens / quincy / alsace sylvaner
Poulpe aux poivrons et à la tomate	côtes-du-rhône côtes-de-provence-pierrefeu merlot (pays d'Oc)
Rascasse aux poivrons	tavel corbières / lirac
Riz sauvage et saumon mariné à la mangue	vacqueyras / alsace gewurztraminer / beaujolais
Sardine grillée	la-clape / fiefs-vendéens / bourgogne-aligoté
Saumon grillé	pouilly-vinzelles / riesling allemand / jasnières
Soles gratinées	costières-de-nîmes / saumur / condrieu
Truite meunière	chablis / mâcon / sancerre
Turbot à la fondue de poireaux	coteaux-d'aix-en-provence / petit-chablis / assyrtiko (Grèce)
Ventrèche de thon à la façon du Pays basque	irouléguy / côtes-du-roussillon bordeaux clairet

VOLAILLES & LAPIN

BIEN QUE MAMMIFÈRE, LE LAPIN EST CONSIDÉRÉ COMME UNE VOLAILLE QUAND IL S'AGIT DE GASTRONOMIE. CETTE PARTICULARITÉ VIENT DU FAIT QUE CET ANIMAL EST TRADITIONNELLEMENT ÉLEVÉ EN BASSE-COUR ET QUE SA VIANDE, TOUT COMME SES DIFFÉRENTES PRÉPARATIONS CULINAIRES, EST PROCHE DE LA VOLAILLE. TOUTEFOIS, LE LAPIN DE GARENNE EST UNE EXCEPTION PUISQUE, À L'INSTAR DU LIÈVRE, IL EST CONSIDÉRÉ COMME FAISANT PARTIE DE LA FAMILLE DES GIBIERS.
LA CHAIR DU LAPIN, COMME CELLE DES VOLAILLES, EST RELATIVEMENT FINE ET PEU EXUBÉRANTE EN GOÛT. LA MULTITUDE DES PRÉPARATIONS ET DES SAUCES UTILISÉES SERA DONC À BIEN PRENDRE EN COMPTE POUR NOS ACCORDS METS-VINS. NOUS POURRONS PAR CONSÉQUENT NOUS DIRIGER VERS DES VINS BLANCS PLUS OU MOINS SECS, DES ROUGES LÉGERS, ET POURQUOI PAS DES VINS SUCRÉS !

COQ À LA BIÈRE

LE COQ À LA BIÈRE EST UN PLAT FLAMAND, TRADITIONNELLEMENT ACCOMPAGNÉ DE FRITES. LE COQ EST UNE VOLAILLE PLUS « CORIACE » QUE LE POULET, MAIS DONT LA CHAIR EST PLUS GOÛTEUSE. IL FAUDRA LE CHOISIR IMPÉRATIVEMENT JEUNE SI L'ON VEUT CONSERVER UN CÔTÉ MOELLEUX À NOTRE VIANDE. CELLE-CI MÉRITE UNE CUISSON ASSEZ LONGUE, ET LE FAIT DE LA FAIRE MARINER AVANT LA CUISSON PERMET DE L'ATTENDRIR CONSIDÉRABLEMENT. CETTE RECETTE S'APPARENTE À CELLE DU TRADITIONNEL COQ AU VIN, MAIS LA CUISSON SE FAIT CETTE FOIS-CI DANS DE LA BIÈRE SOUVENT BRUNE, CE QUI VA LUI AMENER DES NOTES PLUS TENDRES ET PLUS FINES, SANS MASQUER LA PUISSANCE DE LA VOLAILLE.

ACCORD PARFAIT

Dans cette recette, il faut prendre en compte la chair ferme mais très gouteuse ainsi que toutes les saveurs liées à sa préparation. On aura deux choix possibles, l'un conventionnel avec un **vin rouge,** et l'autre plus original avec une **bière.** Si l'on opte pour le vin rouge, il faudra le choisir puissant, avec de l'âge afin d'avoir des tanins fins et des arômes d'évolution. Un élevage en fûts sera un plus pour la complexité aromatique. Soit on part sur un accompagnement proche du coq au vin, en choisissant un pinot noir de grande classe comme un **gevrey-chambertin de 6-8 ans,** soit l'on choisit un vin de la région Bordelaise. Un **canon-fronsac** ou encore un **côtes-de-bourg** sauront parfaitement se marier à notre coq à la bière.

EN RÉSUMÉ

- gevrey-chambertin de 6-8 ans
- canon-fronsac
- côtes-de-bourg

ACCORDS ORIGINAUX

Comme énoncé ci-contre, un accord avec une bière sera également possible, et pourquoi pas celle utilisée pour la préparation de notre coq. L'idéal sera ici de choisir une **bièrc brune assez riche,** avec des parfums souvent torréfiés et toastés. Son caractère aromatique puissant et son amertume légère, conjugués à la fraîcheur de service, sauront mettre en avant les saveurs de la recette et celles du coq tout en amenant de la légèreté. Un bel accord à découvrir !

EN RÉSUMÉ

- bière brune

À savoir

Comme pour les vins, les bières dégagent des arômes plus ou moins complexes, qui sont bloqués par le froid. On prendra soin de servir cette bière brune à une température comprise entre 9 °C et 11 °C pour la savourer dans des conditions optimales.

LAPIN AU CIDRE

ORIGINAIRE DE PICARDIE, CETTE RECETTE CONSISTE TRADITIONNELLEMENT À PRÉPARER UNE SAUCE À BASE DE CIDRE ET DE CONFITURE DE FRUITS ROUGES DANS LAQUELLE ON FERA MIJOTER LA VOLAILLE. AUJOURD'HUI, ON A QUASIMENT ABANDONNÉ LE CÔTÉ AIGRE-DOUX DES FRUITS ROUGES, ET L'ON SE CANTONNE À CUIRE LE LAPIN DANS DU CIDRE AGRÉMENTÉ D'AIL, D'OIGNONS ET DE DIFFÉRENTES HERBES AROMATIQUES. LE CIDRE VA APPORTER UN LÉGER CÔTÉ ACIDULÉ À CETTE VIANDE DÉJÀ GOÛTEUSE, ET LE FAIT DE LA CUIRE DANS DE LA SAUCE VA LUI PERMETTRE DE CONSERVER TOUT SON MOELLEUX. L'AJOUT ÉVENTUEL DE CRÈME FRAÎCHE EN FIN DE CUISSON ÉPAISSIRA LA SAUCE ET APPORTERA DE LA VIVACITÉ. ON POURRA AISÉMENT SERVIR CE PLAT AVEC DES CHAMPIGNONS ET DES POMMES DE TERRE VAPEUR.

ACCORD PARFAIT

En gastronomie, notre lapin est donc assimilé aux volailles. Cela est en partie dû à la finesse de sa chair, finesse d'autant plus mise en valeur qu'elle aura mijoté dans le cidre. Pour un accord, deux choix s'offrent à nous, car un vin blanc comme un vin rouge peuvent se marier avec ce plat. Il faudra simplement prendre la précaution de le choisir sec et fruité, sans trop de complexité. J'éviterais les cuvées vieillies en barrique. Ainsi, on pourra servir un cabernet franc de Loire, comme un **saumur,** ou bien un vin blanc de la vallée du Rhône, à base de roussanne et marsanne, comme un **saint-joseph blanc.** Chacun fera son choix en fonction de ses goûts personnels entre les deux couleurs.

EN RÉSUMÉ

- saumur
- saint-joseph

ACCORDS ORIGINAUX

Si notre lapin au cidre est accompagné par des champignons un peu goûteux, on pourra alors tenter un accord avec un languedoc rouge de la région des **terrasses du Larzac.** On le choisira sur les fruits noirs, les fruits rouges confiturés, avec des notes de garrigue. Il faudra s'assurer que le vin soit élégant avec des tanins soyeux et frais. Là encore, j'éviterais une cuvée vieillie en fût, pour privilégier le croquant du fruit.

EN RÉSUMÉ

- terrasses-du-larzac

OIE RÔTIE ET POMMES DE TERRE AU GROS SEL

LE PLUS DÉLICAT DANS CETTE RECETTE SERA DE SERVIR UNE VIANDE MOELLEUSE. EN EFFET, L'OIE EST UNE GROSSE VOLAILLE PESANT DE QUATRE À HUIT KILOS (EN CUISINE TOUT DU MOINS), ET SA CUISSON S'AVÈRE PAR CONSÉQUENT ASSEZ LONGUE. IL FAUDRA DONC, AU PRÉALABLE, PRÉPARER UN BOUILLON, AFIN DE POUVOIR ARROSER NOTRE BÊTE TOUT AU LONG DE SA CUISSON, ET ÉVITER AINSI QU'ELLE NE SE DESSÈCHE. CETTE RECETTE VA PERMETTRE DE PRÉSERVER TOUS LES PARFUMS DE L'OIE, ET L'ACCOMPAGNEMENT DE POMMES DE TERRE FINIRA DE LA SUBLIMER !

ACCORD PARFAIT

Cette oie rôtie a une texture à la fois dense et onctueuse, avec une belle richesse et de belles saveurs. Les vins blancs secs seront à bannir bien que nous soyons sur une volaille. Il faudra ici servir un vin suffisamment puissant de façon à ce qu'il s'impose sans difficultés face à notre plat, tout en veillant à ce qu'il ait des tanins à la fois présents et souples, pour s'adapter à la chair. On pourra servir une bouteille de **madiran** (appellation sachant sublimer le cépage tannat) ayant subi un **vieillissement de deux à quatre ans.** Il est aussi possible, en restant dans la même région, de servir un **cahors** issu de malbec, qui aura de belles similitudes de structure.

EN RÉSUMÉ

- madiran de 2 à 4 ans
- cahors (malbec)

ACCORDS ORIGINAUX

Et pourquoi pas un **sauternes** ? Ce vin est trop souvent cantonné au foie gras. Dans le cas de notre accord avec une oie rôtie, on le servira assez jeune pour garder de la fraîcheur. Les arômes du vin, marqués par le coing, les fruits exotiques, et parfois même par des notes rôties, sauront se mettre en adéquation avec les saveurs du plat. Le gros sel de nos pommes de terre et le sucre résiduel du vin s'équilibreront pour donner un formidable mariage en bouche. Alexandre de Lur Saluce, ancien propriétaire du château d'Yquem, avait évoqué l'accord de ce vin mythique : « Le dimanche, en famille, avec un poulet-frites » !

EN RÉSUMÉ

- sauternes jeune

PALETS DE DINDE AU BOUDIN NOIR

LA DINDE EST UNE VIANDE BLANCHE À LA TEXTURE TENDRE ET AU GOÛT DISCRET. ICI, LE BOUDIN NOIR SAURA PRENDRE LE DESSUS POUR AMENER DU GRAS ET UNE SAVEUR PLUS IMPOSANTE. AGRÉMENTÉS D'UNE SAUCE À BASE D'AIL, D'OIGNON ET DE CUMIN, CES PALETS MÊLENT LE CÔTÉ TRADITIONNEL DU BOUDIN ET LES NOTES PLUS « EXOTIQUES » DU CUMIN : CELA PROMET UNE EXPLOSION DE PARFUMS EN BOUCHE ! ON SERVIRA CE PLAT DE PRÉFÉRENCE ACCOMPAGNÉ DE SEMOULE, AFIN DE NE PAS DÉNATURER TOUTES CES SAVEURS.

ACCORD PARFAIT

La chair assez ferme de la dinde, l'onctuosité du boudin et les saveurs épicées sont les trois contraintes principales pour accorder ce plat à un vin. On le choisira donc de couleur rouge, fruité et avec beaucoup de fraîcheur. Notre choix pourra se porter sur un des dix crus du Beaujolais à base du cépage gamay, et notamment sur un **fleurie.** Cette appellation offre des cuvées aux arômes de petits fruits rouges, avec des notes florales imposantes (d'où son nom !), comme la violette ou la pivoine. La bouche est souvent marquée par une belle finesse de tanins et une acidité modérée. Cette élégance et cette légèreté sauront bien mettre en avant les saveurs du plat tout en nettoyant le palais. Si l'on ne trouve pas de fleurie, on pourra le remplacer par un autre cru du Beaujolais comme un **chénas** ou un **juliénas.**

EN RÉSUMÉ

- fleurie
- chénas
- juliénas

ACCORDS ORIGINAUX

Pour accompagner ce plat avec un vin rouge toujours léger et gourmand, il est possible de voyager vers Vérone en Italie, et ouvrir une bouteille de **valpolicella.** Ce vin rouge italien très connu est issu majoritairement d'un assemblage des cépages corvina, molinara et rondinella. On le choisira dans sa **version « classico »** pour avoir de la fraîcheur, un faible degré d'alcool et des arômes de fruits prononcés. L'un de ses parfums emblématiques est la cerise, que l'on retrouve souvent dans ces cuvées. On prendra garde à le servir à 12-14 °C plutôt que chambré.

EN RÉSUMÉ

- valpolicella « classico » (Italie)

POULET À LA CRÈME ET AUX MORILLES

CETTE RECETTE TIENT UNE PLACE DE CHOIX DANS LES MENUS DES FÊTES DE FIN D'ANNÉE. ON DOIT SA POPULARITÉ À GEORGES BLANC, GRAND CHEF ÉTOILÉ, QUI A SU FAIRE DU « POULET DE BRESSE À LA CRÈME » UN DE SES PLATS « SIGNATURE ». ELLE PEUT ÊTRE ADAPTÉE À D'AUTRES VOLAILLES TELLES QUE LE CHAPON OU ENCORE LA PINTADE... EN FONCTION DES ENVIES ET DU BUDGET. LA CRÈME, AGRÉMENTÉE D'UN VERRE DE VIN BLANC POUR LA CUISSON, PERMET DE GARDER UNE VIANDE TENDRE ET TRÈS MOELLEUSE, TANDIS QUE LES MORILLES APPORTENT DE LA PUISSANCE, CE QUI VA RELEVER LES SAVEURS FINES DU PLAT.

ACCORD PARFAIT

Dans le cadre de cette recette, on portera attention à la chair fine de la volaille et au côté onctueux de la crème. On privilégiera les vins blancs secs, assez riches, avec une belle longueur en bouche mais aussi un peu d'acidité afin de contrer celle de la crème. On accompagnera facilement ce plat avec un **chardonnay de la Bourgogne.** On pourra le choisir un peu plus frais dans la région du Mâconnais, avec un **viré-clessé,** ou bien un peu plus riche avec un blanc de la Côte de Beaune, si réputée. On pourra par exemple choisir un magnifique **santenay** blanc. Si l'on veut se faire plaisir, on ira chercher dans sa cave un exceptionnel **puligny-montrachet.** Quel que soit le vin choisi, un passage en fût ne gâchera rien à notre accord.

EN RÉSUMÉ

- viré-clessé
- santenay
- puligny-montrachet

À savoir

L'ouillage est une opération qui consiste à remplir régulièrement les barriques avec du vin, afin de compenser la perte liée à l'absorption par le bois et l'évaporation durant l'élevage.
Le vieillissement se fait donc à l'abri de l'air.

ACCORDS ORIGINAUX

Étant donné que notre volaille à la crème est ici accompagnée de morilles, on pourra se laisser tenter par un vin du Jura. On choisira alors un **côtes-du-jura** issu également de chardonnay, et on prendra soin de le choisir **« ouillé »,** c'est-à-dire que son élevage n'aura pas eu lieu en présence d'air. On ne recherche pas dans ce plat le goût de « jaune » typique des vins sous voile, mais bien le fruité, la rondeur et l'équilibre du chardonnay.

Tout en restant sur le cépage chardonnay, l'un des plus plantés dans le monde, on peut voyager aux États-Unis, et plus précisément en **Californie.** Le chardonnay a été l'un des premiers cépages blancs à être introduits dans cet état, et il y reste encore aujourd'hui l'un des plus plantés. Cette région peut produire des chardonnays amples, d'une belle complexité aromatique, alliant à la fois des notes d'agrumes, de beurre et de fruits exotiques. L'élevage en barrique leur apportera des arômes vanillés, voire de noix de coco. Si le producteur a réussi à garder de la fraîcheur, notre vin californien saura mettre en valeur cette volaille à la crème et aux morilles. On favorisera une cuvée qui aura été élaborée proche de la mer afin de s'assurer davantage de tension acide. Attention, certaines cuvées sont dans l'excès de gras (trop de sucre et pas d'acidité) ou de bois, et ne conviendront pas à notre plat, même si ce sont des vins qui plaisent encore beaucoup aux Américains.

EN RÉSUMÉ

- côtes-du-jura « ouillé »
- vin de Californie (chardonnay)

TAJINE DE PILONS DE POULET AUX RAISINS ET AMANDES

DANS CETTE RECETTE AUX SAVEURS ORIENTALES, LES PILONS DE POULET SONT MIJOTÉS DANS UNE SAUCE SUCRÉE-SALÉE, À BASE DE BOUILLON DE VOLAILLE AGRÉMENTÉ D'ÉPICES (TELLES QUE LE CUMIN, LA CANNELLE, ETC.), DE MIEL, DE RAISINS SECS ET D'AMANDES. CE MÉLANGE SAVOUREUX SAURA NOUS FAIRE VOYAGER, ET IL FAUDRA TROUVER UN ACCOMPAGNEMENT SIMPLE ET NEUTRE, TEL QUE LA SEMOULE OU LE RIZ, AFIN DE NE PAS RAJOUTER TROP DE PARFUMS À CE PLAT QUI EN COMPTE DÉJÀ BEAUCOUP.

ACCORD PARFAIT

Ce mets très goûteux présente plusieurs contraintes si l'on veut établir un accord cohérent. Il faut faire attention de ne pas amener trop de structure pour ne pas abîmer la chair fine du poulet, éviter un vin trop complexe sur un plat déjà riche en saveurs. De plus, l'accompagnement ne génère aucune fraîcheur en bouche. Pour toutes ces raisons, on servira un vin rouge léger, sans tanins agressifs, avec de la gourmandise, et qui n'aura pas été élevé en fût. L'appellation **mercurey,** en Côtes chalonnaises, me semble idéale. Un **givry,** du nom du village voisin, saura aussi apporter le fruit et la fraîcheur nécessaires.

EN RÉSUMÉ

- mercurey
- givry

ACCORDS ORIGINAUX

Pour ce plat, on pourra également franchir les Pyrénées pour aller en Espagne, précisément en Catalogne, sur l'appellation **priorat.** Ses vins rouges sont majoritairement issus de carignan, suppléé par le grenache, la syrah ou encore le cabernet-sauvignon. Ils sont produits à une altitude élevée, comprise entre 300 et 1 000 mètres, sur des sols riches en schiste, ce qui leur confère une belle minéralité. Cet ensemble « fruits, tanins souples et fraîcheur » en fera un parfait compagnon pour ce tajine de pilons de poulet.

EN RÉSUMÉ

- priorat (Espagne)

VOLAILLES & LAPIN

AUTRES ACCORDS

Cou d'oie farci aux truffes	côtes-de-gascogne condrieu champagne millésimé
Blancs de poulet farcis aux girolles	hautes-côtes-de-nuits / alsace pinot noir / bardolino (Italie)
Brochettes de poulet et citron confit	graves / pessac-léognan cinsault (pays d'oc)
Chapon rôti	châteauneuf-du-pape / côte-rôtie / saint-julien
Coq au riesling	alsace riesling / vouvray / alsace pinot blanc
Coq au vin	mercurey / volnay / barolo (Italie)
Coquelet au tournebroche	brouilly / côtes-d'auvergne-châteaugay jurançon moelleux
Cuisses de dinde aux olives	faugères / vin-de-corse-ajaccio / côtes-du-roussillon-villages (Tautavel)
Cuisses de poulet gratinées au parmesan	champagne saint-péray tavel
Nuggets de poulet	menetou-salon languedoc saint-amour
Pigeonneaux aux lentilles vertes et à l'orge	rully / chénas / bergerac
Pintade farcie au foie gras	pomerol / aloxe-corton / rioja (Espagne)
Pintadeaux aux girolles	castillon-côtes-de-bordeaux / chassagne-montrachet / hautes-côtes-de-nuits
Poulet basquaise	irouléguy / gaillac / toro (Espagne)
Poulet boucané	bordeaux clairet / tavel rhum blanc AOC (Martinique)
Poulet tandoori	alsace pinot gris vin-de-corse-sartène irancy
Râble de lapin à la moutarde	bouzeron / mâcon-solutré-pouilly / côtes-du-jura
Poularde truffée	champagne millésimé puligny-montrachet / hermitage
Tajine de poulet au riz et pistaches	bonnezeaux / VDN maury rouge cornas
Tajine de poulet aux olives et aux citrons	languedoc / tavel palette

AGNEAU & MOUTON

L'AGNEAU EST LA PROGÉNITURE DU BÉLIER ET DE LA BREBIS. IL S'AGIT DONC D'UN JEUNE MOUTON, ÂGÉ DE MOINS D'UN AN, RÉPUTÉ POUR SA VIANDE TRÈS TENDRE, RELATIVEMENT GRASSE, ET TRÈS PARFUMÉE. LES DIFFÉRENTES PIÈCES DE L'ANIMAL AUTORISENT DE NOMBREUX MODES DE CUISSON, ET DONC DE NOMBREUSES TEXTURES, QU'IL FAUDRA BIEN AVOIR EN TÊTE POUR NOS ACCORDS. ON PEUT CITER LES CÔTES QUE L'ON FERA GRILLER, LE COLLIER POUR UN RAGOÛT OU UN NAVARIN, OU ENCORE LE GIGOT À RÔTIR ENTIER. D'AUTRE PART, LES NOMBREUSES POSSIBILITÉS DE CUISSON VONT ENGENDRER UNE GRANDE VARIÉTÉ D'ACCOMPAGNEMENTS QU'IL FAUDRA IMPÉRATIVEMENT PRENDRE EN COMPTE POUR CHOISIR NOTRE VIN.

À savoir

La viande d'agneau se déguste la plus chaude possible afin d'en apprécier au mieux les saveurs.
Quelle que soit la cuisson, il faut servir la viande rosée de façon à garder sa finesse. Elle devient vite sèche et désagréable à mastiquer si elle est servie trop cuite.

CERVELLE D'AGNEAU AU BEURRE NOISETTE

LA CERVELLE NE FAIT PLUS PARTIE AUJOURD'HUI DE NOS PLATS TRADITIONNELS : EN EFFET, SON ASPECT VISUEL, ET L'OMBRE DES MALADIES (TELLES QUE LA TREMBLANTE DU MOUTON) ONT EU RAISON DE SA CONSOMMATION, QUI A FORTEMENT DIMINUÉE CES VINGT DERNIÈRES ANNÉES. POURTANT, CE METS EST TRÈS BON POUR NOTRE SANTÉ CAR IL EST RICHE EN PROTÉINES, EN VITAMINES ET EN PHOSPHORE, ET CONTIENT DES ACIDES GRAS ESSENTIELS AU BON DÉVELOPPEMENT DE NOTRE PROPRE CERVEAU. LA FAÇON LA PLUS SIMPLE DE CUISINER LA CERVELLE CONSISTE À LA POCHER ET LA SERVIR ACCOMPAGNÉE DE BEURRE NOISETTE. CELUI-CI FINIRA D'ATTENDRIR LA VIANDE, TOUT EN METTANT EN VALEUR SES SAVEURS ET SA TEXTURE ULTRA FONDANTE.

ACCORD PARFAIT

Pour cette recette, on oubliera tous les vins rouges puissants que l'on sert habituellement avec l'agneau. En effet, le vin rouge prendrait le dessus sur les saveurs de l'abat. Dans ce cas précis, il faudra jouer sur la gourmandise et la fraîcheur du vin. On privilégiera un vin blanc sec, fruité, et doté d'une belle acidité. On pourra choisir un vin de Loire issu du cépage chenin. Un **anjou,** par exemple, saura apporter sa fraîcheur ainsi que ses arômes fruités et floraux.

Pour ceux qui préfèrent un vin rouge, il est tout de même possible de servir un vin léger et fruité, non tannique, et qui ne sera pas passé en barrique. L'idée de vin rouge gouleyant nous oriente facilement sur le cépage gamay. Un **beaujolais jeune** jouera pleinement son rôle !

EN RÉSUMÉ

- anjou
- beaujolais jeune

ACCORDS ORIGINAUX

Pour accompagner notre cervelle d'agneau au beurre noisette, on pourra rester sur un blanc sec, fruité et léger tout en partant en Italie, dans la région des Abruzzes. On choisira un **trebbiano d'abruzzo** qui, comme son nom l'indique, est un 100 % trebbiano. On connaît mieux ce cépage en France sous le nom d'« ugni blanc ». Lorsqu'il est bien vinifié, ce cépage – qui a pourtant mauvaise presse – peut donner des vins légers, fruités et floraux, avec une belle acidité. Cela conviendra parfaitement sur notre mets !

Si l'on veut rester en France, mais sur une appellation peu répandue, on pourra servir un **vin du Ventoux.** Plus connue grâce au célèbre mont qui porte son nom, cette région produit de très beaux vins blancs secs, fruités et souples, avec une belle fraîcheur. Les parfums d'agrumes et les notes florales sont apportés par les cépages clairette, bourboulenc et grenache blanc. Liée à son acidité, sa fraîcheur est apportée par le terroir. En effet, les nuits sont fraîches sur ce vignoble assez élevé, ce qui permet au raisin de conserver son acidité. De plus, les sols schisteux de ce terroir sont également réputés pour conférer de la fraîcheur dans les vins. Cette appellation saura se mettre en évidence sur la cervelle au beurre noisette !

EN RÉSUMÉ

- trebbiano d'abruzzo (Italie)
- ventoux

COLLIER D'AGNEAU AUX ABRICOTS

COMME SON NOM L'INDIQUE, LE COLLIER D'AGNEAU CORRESPOND AU COU DE L'ANIMAL. C'EST UN MORCEAU CHARNU ET SAVOUREUX, MAIS QUI MÉRITE D'ÊTRE MIJOTÉ LONGTEMPS POUR ÊTRE PLEINEMENT APPRÉCIÉ. DANS CETTE RECETTE, IL SE PRÉSENTE SOUS FORME DE TAJINE, C'EST-À-DIRE MIJOTÉ AVEC DES ÉPICES (CANNELLE, SAFRAN, PIMENT, CUMIN), DE L'AIL ET DES OIGNONS. AU MOMENT DU SERVICE, ON PEUT PARSEMER LE PLAT D'AMANDES CONCASSÉES, AFIN D'APPORTER UNE TOUCHE CROQUANTE !

ACCORD PARFAIT

Dans cette recette, il nous faudra servir un vin rouge à la fois puissant et capable d'amener de la fraîcheur. Ce plat se distingue en effet par sa texture moelleuse et sa complexité aromatique importante sur les épices, ainsi qu'une touche sucrée liée à la présence d'abricots. On pourra donc privilégier un accord avec un pinot noir de Bourgogne, issu de la Côte de Nuits, comme un **fixin.** Si l'on préfère un vin plus marqué par la puissance et avec des notes plus épicées, on choisira un vin des côtes du Rhône septentrionales, et précisément un **saint-joseph.**

EN RÉSUMÉ

- fixin
- saint-joseph

ACCORDS ORIGINAUX

Pour rester sur un accord tout en fraîcheur et en équilibre afin de ne pas saturer les papilles, on pourra s'amuser à servir un **vin rouge australien.** On choisira toujours un **pinot noir** mais issu cette fois-ci de la **Yarra Valley,** au nord-est de Melbourne. Grâce à son climat et sa diversité de sols, cette région offre des vins de classe mondiale élaborés à partir de ce cépage. Fruité, puissance et grande finesse seront les alliés de notre collier d'agneau aux abricots, qui permettront de transcender les différentes saveurs de ce mets.

EN RÉSUMÉ

- pinot noir de la Yarra Valley (Australie)

CÔTELETTES D'AGNEAU À LA PROVENÇALE

CETTE RECETTE SIMPLISSIME CONFÈRE AUX CÔTELETTES D'AGNEAU TOUTES LEURS SAVEURS ; LES CÔTELETTES SONT SIMPLEMENT MARINÉES DANS UN MÉLANGE D'HUILE D'OLIVES, D'HERBES PROVENÇALES (THYM, ROMARIN) ET D'AIL HACHÉ, AVANT D'ÊTRE GRILLÉES DANS UNE POÊLE OU POURQUOI PAS SUR UN BARBECUE, CAR C'EST UN JOLI PLAT ESTIVAL ! POUR QUE LA VIANDE RESTE MOELLEUSE, ON POURRA AJOUTER À LA CUISSON DES TOMATES COUPÉES EN DEUX ET ASSAISONNÉES À LA PROVENÇALE. ACCOMPAGNÉE DE RIZ CAMARGUAIS, CETTE RECETTE NOUS FERA VOYAGER DANS LE SUD DE LA FRANCE.

ACCORD PARFAIT

Pour cette recette, on prendra en compte le goût de l'agneau, la cuisson au grill et les saveurs de l'accompagnement. Il faudra choisir un vin rouge de belle puissance, avec une richesse aromatique sur les fruits et les épices. Encore une fois, les tanins pourront être présents mais devront être fondus.

On pourra bien entendu partir dans les alentours de la commune des Baux-de-Provence (Bouches-du Rhône), dont la production des vins rouges de quatre à cinq ans seront dotés de beaux arômes de fruits noirs, d'épices, voire de garrigue, qui sauront compléter à merveille les saveurs du plat. Ces **baux-de-provence** offrent généralement une belle puissance avec des tanins onctueux. Il sera également possible d'accompagner ce plat avec un **vacqueyras,** vin rouge composé de grenache, syrah et mourvèdre essentiellement. Produit dans la vallée du Rhône, au pied des dentelles de Montmirail, ce vin saura également apporter sa puissance, sa fraîcheur ainsi qu'une belle aromatique sur les fruits, les épices et les notes fumées.

EN RÉSUMÉ

- baux-de-provence de 4 à 5 ans
- vacqueyras

ACCORDS ORIGINAUX

Pour accompagner nos côtelettes d'agneau à la provençale, il est possible d'aller chercher un vin dans le Piémont, et je pense au « vin des rois, roi des vins », le **barolo.** Issu du cépage nebbiolo, ces vins vieillissent souvent cinq ans dans des foudres en bois avant leur mise en bouteille. Ils pourront ensuite être conservés des dizaines d'années en cave et s'avéreront alors exceptionnels. Les vins de Barolo sont puissants, complexes, avec une richesse aromatique rare. Malgré des tanins puissants, son vieillissement et son acidité polissent et donnent de l'équilibre à l'ensemble. Un grand vin pour une viande goûteuse et tendre. Cependant, comme tous les vins d'exception, le barolo reste assez cher. Pour goûter le cépage nebbiolo du Piémont à moindre coût, il sera possible de servir une cuvée de **dolcetto** ou de **barbera d'alba.**

Les accords précédents jouent sur l'aromatique ton sur ton entre le vin rouge et l'agneau. On jouera également sur des vins offrant une structure tannique imposante mais que l'élevage et le temps auront poli. Il sera également possible de s'amuser à servir un vin rouge plus fin, mais avec une structure affirmée, et d'une grande fraîcheur. Je pense ici à un grand vin de la Côte de Nuits. Les vignobles de **Gevrey-Chambertin** ou encore **Chambolle-Musigny** offrent des pinots noirs généreux, dotés d'une classe folle. Leur complexité aromatique, leur finesse et la longueur finale en bouche sauront mettre en avant les saveurs du plat sans pour autant les dominer.

À savoir

*« Roi des vins, vin des rois » : cette expression est utilisée en Italie pour le barolo, car au XIX*e *siècle, c'était l'appellation favorite de la maison de Savoie, dynastie régnant à cette époque sur le pays. Celle-ci se trouvait à Turin, soit à une dizaine de kilomètres des vignes de l'appellation barolo.*

EN RÉSUMÉ

- barolo (Italie)
- dolcetto ou barbera d'alba (Italie)
- gevrey-chambertin
- chambolle-musigny

ÉPAULE D'AGNEAU RÔTIE

L'ÉPAULE D'AGNEAU RÔTIE EST UN GRAND CLASSIQUE DE LA CUISINE FRANÇAISE, QUI EST PARTICULIÈREMENT CONSOMMÉE LORS DES FÊTES DE PÂQUES. CETTE VIANDE EST SIMPLEMENT CUISINÉE AU FOUR, ENTOURÉE D'HERBES AROMATIQUES ET D'AIL QUI VONT SE DIFFUSER DANS LA CHAIR DURANT LA CUISSON. LE SECRET POUR LA DÉGUSTER MOELLEUSE ET SAVOUREUSE EST DE LA CHOISIR NON DÉSOSSÉE CHEZ VOTRE BOUCHER !

ACCORD PARFAIT

Ce plat riche en saveurs va demander un vin rouge puissant, aux tanins présents, avec une aromatique portée par les fruits noirs et les notes épicées, voire de garrigue pour rester dans le ton de l'assaisonnement. Un **châteauneuf-du-pape rouge,** composé de cépages choisis parmi les treize autorisés, saura apporter cette puissance et cette complexité aromatique nécessaires. Afin d'apprécier au mieux cet accord, il est conseillé de choisir une cuvée qui aura subi un vieillissement en bouteille de six à dix ans. Pour rester dans un budget raisonnable, on pourra remplacer le châteauneuf-du-pape par un **rasteau** ou un **cairanne.**

EN RÉSUMÉ

- châteauneuf-du-pape de 6 à 10 ans
- rasteau
- cairanne

ACCORDS ORIGINAUX

Et si on jouait un peu avec une **bière** ? On la choisira dans un style belge, en triple ou quadruple. Ces bières étaient traditionnellement brassées en Abbaye, avec une quantité triple ou quadruple de malt et sont les plus fortes que l'on puisse trouver. Elles sont aujourd'hui produites par des brasseries indépendantes mais n'en perdent pas pour autant leur caractéristique : fortes en alcool, elles sont marquées par des notes de pain grillé, de cerises, de pruneaux ou encore de raisin et sont reconnaissables à leur mousse épaisse et leur couleur brune. Cette boisson sera idéale pour notre épaule moelleuse et goûteuse !

EN RÉSUMÉ

- bière belge triple ou quadruple

Astuce

Pour apprécier au mieux ces bières fortes en alcool, à la fois riches et complexes en arômes, il faudra les servir à une température assez haute, entre 9 et 12 °C. D'autre part, on choisira de servir ces bières riches d'un point de vue aromatique dans un verre « calice », dont l'origine provient des abbayes.

GIGOT DE SEPT HEURES

CETTE RECETTE PORTE BIEN SON NOM CAR, APRÈS AVOIR PRÉPARÉ UNE COCOTTE DANS LE FOND DE LAQUELLE ON A DÉPOSÉ DE LA COUENNE, LE GIGOT CUIT DURANT SEPT HEURES, À BASSE TEMPÉRATURE (EN GÉNÉRAL 120 °C). AUTOUR DE LA PIÈCE D'AGNEAU ON DISPOSE DES CAROTTES, DES OIGNONS, DES TOMATES, OU ENCORE UN BOUQUET GARNI, DE MANIÈRE À PARFUMER LA VIANDE ; ENFIN, ON VERSE PAR-DESSUS DU COGNAC, DU VIN BLANC, UN BOUILLON DE BŒUF AINSI QU'UN PEU D'HUILE, CE QUI PARFUMERA NOTRE VIANDE TOUT EN LA PRÉSERVANT DU DESSÈCHEMENT. À LA SORTIE DU FOUR, CELLE-CI SERA SI MOELLEUSE ET FONDANTE QU'ELLE AURA LA PARTICULARITÉ DE POUVOIR ÊTRE DÉCOUPÉE SIMPLEMENT AVEC UNE CUILLÈRE !

ACCORD PARFAIT

Le goût prononcé de l'agneau va demander un vin rouge structuré, avec des tanins puissants mais fondus ainsi qu'une belle puissance aromatique. Si l'on prépare un **agneau de Pauillac,** on pourra jouer l'**accord « local »** en accompagnant le plat du vin homonyme. Après quelques années de garde (cinq à sept ans), la complexité aromatique sur les fruits et le velouté des tanins feront de ce vin un parfait compagnon. Il est aussi possible de servir un vin du même secteur, sur la rive droite de Bordeaux, élaboré avec les mêmes cépages. Je pense tout particulièrement à l'AOC **margaux.** Répartie sur cinq villages, posée sur une superbe croupe de graves, elle offre des vins fins, élégants, aux tanins souples et savoureux, voire crémeux. Un bel accompagnement sur notre viande d'agneau fondante !

EN RÉSUMÉ

- pauillac de 5 à 7 ans
- margaux

ACCORDS ORIGINAUX

Pour un accord un peu plus original, on voyagera en Amérique du Sud, et précisément dans la **vallée de l'Aconcagua au Chili,** où le cépage carménère est roi. Vieux cépage bordelais ayant quasiment disparu de cette région, il a migré, sans doute par hasard, au Chili, dont il est devenu le cépage emblématique. Il saura nous offrir des vins puissants sur les fruits noirs, avec de belles notes épicées et des tanins souvent très souples. Ces caractéristiques correspondent donc très bien à notre recherche pour accompagner le gigot de sept heures. Attention toutefois car on trouve sur le marché chilien des cuvées au boisé trop prononcé, qui veulent ressembler au goût « international », au mépris de leur terroir : il s'agira donc, si l'on choisit un vin de ce pays, de faire attention à ce qu'il reste subtil.

Pour le gigot de sept heures à la chair moelleuse, il est possible de boire en accompagnement un vin de Loire... mais pas n'importe lequel ! En effet, le cépage majoritaire, le cabernet franc, est réputé pour donner des vins gouleyants, riches en fruits. C'est essentiellement le cas sur des sols sableux ou de gravier en bas de coteaux. Bien travaillé sur les coteaux, ce cépage peut en revanche donner des vins riches, avec de jolis tanins fins, tout en préservant les arômes de fruits rouges. Un élevage de quelques mois en barrique pourra aussi adoucir les tanins et apporter de la complexité aromatique. Vous trouverez ce style de cuvée, à un prix abordable, sur des appellations comme **saumur-champigny,** ou chez de bons producteurs de **chinon.**

EN RÉSUMÉ

- vin du Chili (carménère)
- saumur-champigny
- chinon

COUSCOUS D'AGNEAU ET MERGUEZ

CE COUSCOUS ROYAL EST PRÉPARÉ À BASE DE GIGOT COUPÉ EN GROS MORCEAUX. IL EST CUIT LENTEMENT, ET ON AJOUTE INGRÉDIENTS ET ÉPICES AU FUR ET À MESURE DE LA RECETTE : OIGNONS, POIS CHICHES, RAS EL-HANOUT, CAROTTES, NAVETS, COURGETTES ET TOMATES. L'AGNEAU PREND AINSI LES SAVEURS DE CHAQUE INGRÉDIENT ET CONSERVE TOUT SON MOELLEUX. ACCOMPAGNÉ TRADITIONNELLEMENT DE SEMOULE, CE PLAT VOUS FERA VOYAGER, POUR LE PLUS GRAND PLAISIR DE VOS PAPILLES !

ACCORD PARFAIT

La diversité aromatique liée à l'agneau, la merguez et toutes les saveurs apportées par les accompagnements nous dirige vers un accord classique sur un vin rosé. Il saura se faire discret du point de vue des arômes et ne masquera ainsi pas les nombreux parfums du plat. En même temps, sa trame acide proche d'un vin blanc sera parfaite pour nettoyer les papilles. On pourra choisir un rosé de la vallée du Rhône, et particulièrement sur l'appellation **costières-de-nîmes,** dont les parfums et la structure seront parfaits sur ce plat.

EN RÉSUMÉ

- costières-de-nîmes

ACCORDS ORIGINAUX

Ce plat est issu de la tradition culinaire d'Afrique du Nord et plus précisément d'Algérie. On pourra alors bien entendu jouer l'accord local en servant un vin rouge de ce pays qui, avec ses 390 000 hectares de vignes, est le second producteur du continent, derrière l'Afrique du Sud. Les cépages que l'on y trouve sont locaux pour quelques-uns, et surtout languedociens. On pourra choisir un **vin rouge de la région de Médéa,** au sud d'Alger, où les raisins, cultivés entre 600 et 1 200 mètres d'altitude, gardent une grande fraîcheur et un bel équilibre. Parfait sur notre couscous !

EN RÉSUMÉ

- vin de Médéa (Algérie)

AGNEAU & MOUTON

AUTRES ACCORDS

Agneau aux olives	bandol / ventoux · tavel
Brochettes d'agneau	grès-de-montpellier / tursan / côte-rôtie
Carré d'agneau à la menthe	saint-julien / haut-médoc / bergerac
Côtelettes d'agneau	rosé-des-riceys · faugères / patrimonio
Couscous d'agneau curry-coco et raisins de Corinthe	alsace gewurztraminer / chenin blanc (Afrique du Sud) · gigondas
Épaule d'agneau à la broche	pauillac / cahors / gevrey-chambertin
Gigot braisé à la bière	gigondas / pic-saint-loup / pomerol
Keftas d'agneau	rasteau / ventoux / côtes-du-roussillon
Navarin d'agneau	chénas / cairanne / priorat (Espagne)
Ris d'agneau à la crème	savennières / chassagne-montrachet / crozes-hermitage
Rognons d'agneau	cahors / mendoza (Argentine) / vieux saint-émilion
Selle d'agneau	saint-estèphe / volnay / musigny
Tajine d'agneau	cornas / côtes-du-roussillon / ribeira sacra (Espagne)
Tranches de gigot d'agneau grillées au pesto	fitou / collioure / bandol

VEAU

LA VIANDE DE VEAU EST ISSUE DE JEUNES BOVINS, SUR LESQUELS ON PEUT TROUVER UNE QUINZAINE DE MORCEAUX TOUS PLUS SAVOUREUX LES UNS QUE LES AUTRES. EN FONCTION DU MODE DE CUISSON, VOTRE BOUCHER SAURA VOUS CONSEILLER LE MORCEAU ADÉQUAT. DE LA BLANQUETTE À L'ESCALOPE, DE LA CUISSON COCOTTE AU BARBECUE, UNE MULTITUDE DE CHOIX S'OFFRENT À NOUS, SANS COMPTER TOUTES LES PARTIES DE L'ANIMAL QUE L'ON PEUT ACCOMPAGNER D'UNE SAUCE ! CETTE DIVERSITÉ VA SE RETROUVER DANS LES ACCORDS METS-VINS. ON VA POUVOIR EN EFFET ALLER DU ROUGE FRUITÉ ET GOULEYANT, AU ROUGE PUISSANT ET ÉPICÉ ; D'UN BLANC SEC ET ROND À DES VINS DEMI-SECS, AVEC UN PEU DE SUCRE RÉSIDUEL. QUOI QU'IL EN SOIT, LE VEAU RESTE UNE VIANDE BLANCHE TENDRE ET DÉLICATE, AVEC UNE CHAIR FONDANTE, QUE LE VIN NE DEVRA EN AUCUN CAS DÉNATURER !

BLANQUETTE DE VEAU

VOICI UN PLAT TRADITIONNEL QUE LES FRANÇAIS AIMENT CUISINER. LE NOM DE BLANQUETTE VIENT DE LA COULEUR BLANCHE DE LA SAUCE QUI RECOUVRE LA VIANDE. IL S'AGIT EN FAIT D'UN RAGOUT DE VEAU, PUISQUE LA VIANDE EST LONGUEMENT MIJOTÉE DANS UNE SAUCE AU BEURRE AGRÉMENTÉE D'OIGNONS ET DE CAROTTES. ON Y AJOUTE BIEN SOUVENT DES CHAMPIGNONS ET DE LA CRÈME FRAÎCHE EN FIN DE CUISSON. À NOTER QUE CE PLAT PEUT ÊTRE ADAPTÉ À TOUTE AUTRE VIANDE BLANCHE, COMME LE POULET, LA DINDE OU ENCORE LE LAPIN.

ACCORD PARFAIT

Bien que nous soyons sur du veau, c'est ici la cuisson et la sauce qui donneront le « la » pour cet accord. Dans cette recette, on prendra soin d'amener de la fraîcheur pour contrebalancer le côté gélatineux de la viande dû en partie à la sauce. D'autre part, comme on l'a expliqué précédemment concernant les volailles, il faudra tenir compte de la crème et des champignons. Il est donc conseillé de servir un vin blanc sec, capable d'amener à la fois de la rondeur et une belle trame acide.

On pourra bien sûr servir un chardonnay, cépage peu exubérant mais qui offre une belle complexité aromatique. Un court élevage en barrique pourra lui amener des notes beurrées et toastées, très intéressantes sur ce plat. Notre choix pourra se porter sur un **vin du Mâconnais** pour son rapport qualité/prix très intéressant. Pour se faire plaisir, on ira chercher une belle bouteille de **meursault,** pourquoi pas en **premier cru,** dont la rondeur et la finesse se marieront à notre recette. Pour les plus chanceux, on ouvrira un **grand cru corton-charlemagne** : magique !

EN RÉSUMÉ

- mâcon
- meursault premier cru
- corton-charlemagne grand cru

ACCORDS ORIGINAUX

L'accord avec la blanquette doit selon moi se faire avec un vin blanc comme expliqué ci-contre. Toutefois, il est difficile de le bannir complètement si l'on est un irréductible amateur de vin rouge. Il faudra alors prendre soin de le choisir très léger, doté d'une acidité prononcée qui rappellera un peu la structure d'un vin blanc. Ce doit être un vin gourmand mais dont les arômes devront être peu complexes. Bien entendu, tout élevage en fût est à proscrire ! Mon choix se porterait donc sur une appellation comme **sancerre.**

Si l'on veut rester sur un vin rouge, il est possible d'être encore plus original qu'avec un sancerre (à base de pinot noir), en servant un **vin du Jura, issu du cépage poulsard,** qu'on trouvera aussi sous le nom de « ploussard », dans cette même région. Sa couleur très pâle n'est pas sans rappeler celle d'un rosé. C'est un vin gouleyant, avec des arômes de fruits délicats, présentant une finale structurée qui formera un accord apte à en surprendre plus d'un !

EN RÉSUMÉ

- sancerre
- poulsard

FOIE DE VEAU POÊLÉ

LE FOIE DE VEAU EST UN ABAT « NOBLE ». SA TEXTURE EST PARTICULIÈREMENT TENDRE ET FONDANTE EN BOUCHE, ET SA SAVEUR COMPLEXE. LE PLUS IMPORTANT POUR LA RÉUSSITE DE CE PLAT RÉSIDE DANS LA CUISSON : LA VIANDE DOIT ÊTRE ROSÉE, DE MANIÈRE À PRÉSERVER CETTE TENDRETÉ SI PARTICULIÈRE, ET DONC SON INTÉRÊT CULINAIRE. LA SAVEUR DOUCE EN BOUCHE DU FOIE DE VEAU PERMET DE LE MARIER AVEC DE NOMBREUX INGRÉDIENTS TELS QUE L'ÉCHALOTE, LE POIVRE, LE VINAIGRE BALSAMIQUE… ON PEUT MÊME JOUER SUR DES ACCORDS SUCRÉ-SALÉ, EN LE CUISINANT AVEC DES POMMES, OU ENCORE DU MIEL ! MAIS TOUT SIMPLEMENT POÊLÉ, AVEC UN TOUR DE MOULIN À POIVRE, IL SERA PARFAIT !

ACCORD PARFAIT

Le risque dans ce plat est de lui associer un vin qui dénature la texture fine de la viande. Il faut aussi faire particulièrement attention à ne pas masquer sa saveur délicate. L'accord s'annonce donc périlleux à réaliser ! On choisira un vin rouge fruité, aux tanins fins pour envelopper l'abat, et qui n'aura pas été élevé en barrique. Ces contraintes nous amènent bien évidemment sur le cépage gamay, avec un vin des **Côtes d'Auvergne** ou un vin de la **Côte roannaise** pour changer du beaujolais.

EN RÉSUMÉ

- côtes-d'auvergne (gamay)
- côte-roannaise (gamay)

ACCORDS ORIGINAUX

On connaît les **fiefs-vendéens** pour leurs vins blancs si prompts à accompagner les fruits de mer. Mais cette appellation ne produit en réalité que 17 % de vins blancs contre 40 % de vins rouges ! Et justement, s'ils sont choisis sans élevage en barrique, ceux-ci dévoilent une bouche toute en finesse, avec une grande fraîcheur. De subtils arômes de fruits rouges se marient parfaitement avec notre foie de veau poêlé. Cet accord est possible car les cépages utilisés sont le gamay, le pinot noir, la négrette et le cabernet. Gourmandise et fraîcheur garanties !

EN RÉSUMÉ

- fiefs-vendéens sans élevage en barrique

RIS DE VEAU

À savoir
Attention de ne pas confondre demi-sec et moelleux ! Un excès de sucre aurait pour conséquence de saturer les papilles et masquer la saveur du mets.

LE RIS DE VEAU EST LE NOM CULINAIRE DU THYMUS, ORGANE SITUÉ SUR LA PARTIE ANTÉRIEURE DE LA POITRINE DU VEAU, ET QUI DISPARAÎT À L'ÂGE ADULTE. C'EST UN ABAT PLUTÔT RARE ET, PAR CONSÉQUENT, ASSEZ CHER CAR TRÈS PRISÉ DANS LA GRANDE GASTRONOMIE. SA PRÉPARATION S'AVÈRE RELATIVEMENT LONGUE ET DÉLICATE, PUISQU'IL FAUT LES BLANCHIR ET LES PARER AVANT DE LES CUISINER. ON FAIT SOUVENT BRAISER LES RIS DE VEAU POUR APPRÉCIER AU MIEUX LEUR SAVEUR FONDANTE ET SAVOUREUSE. ON LES ACCOMPAGNE IDÉALEMENT DE MORILLES À LA CRÈME : UN PLAT TOUT SIMPLEMENT DIVIN !

ACCORD PARFAIT

Pour ce grand classique, il faudra oublier les vins rouges et choisir un blanc sec. Pour être digne du plat, il devra être riche, équilibré, avec un élevage en barriques maîtrisé. On le choisira si possible dans une appellation de renom, car la grandeur du mets mérite un grand vin. Je ne choisirais pas une région ou un cépage précis, mais plutôt un profil de vin. Mon choix se portera sur un **châteauneuf-du-pape** blanc, un **pessac-léognan** blanc, ou encore un **puligny-montrachet.** Pour se faire plaisir à moindre coût, on ouvrira un **lirac** blanc ou un **graves** blanc.

EN RÉSUMÉ

- châteauneuf-du-pape / pessac-léognan / puligny-montrachet
- lirac / graves

ACCORDS ORIGINAUX

Pour s'amuser avec la douceur du ris de veau, il sera possible de remonter de la cave un vin blanc demi-sec, sur une appellation de Loire, comme **vouvray** ou **montlouis.** Le cépage chenin, récolté en légère surmaturité, produira des vins blancs aromatiques, suaves, mais dotés d'une belle acidité qui équilibrera le tout. De plus, les sols calcaires, associés à ce cépage, ont cette capacité de donner des vins à la fois ronds, dotés d'une tension finale presque saline. Un superbe accord !

EN RÉSUMÉ

- vouvray (demi-sec)
- montlouis (demi-sec)

GRENADINS DE VEAU AU WHISKY

LE GRENADIN EST UNE SORTE DE MÉDAILLON DE VEAU, COUPÉ DANS LA LONGE OU LA NOIX. C'EST UN MORCEAU ÉPAIS ET CHARNU, QUI PEUT ÊTRE POÊLÉ, GRILLÉ, VOIRE BRAISÉ. QUELLE QUE SOIT LA CUISSON, IL DOIT TOUJOURS ÊTRE SERVI ROSÉ AFIN QU'IL CONSERVE TOUTE SA TENDRETÉ. DANS CETTE RECETTE, LES GRENADINS SONT MARINÉS QUELQUES HEURES DANS UNE PRÉPARATION À BASE DE WHISKY, DE SAUCE SOJA ET DE CITRON. ILS SONT ENSUITE GRILLÉS À LA POÊLE, PUIS SERVIS AVEC UNE SAUCE AU WHISKY ET À LA CRÈME FRAÎCHE. ILS PEUVENT ÉVENTUELLEMENT ÊTRE FLAMBÉS EN FIN DE CUISSON, CE QUI LEUR APPORTERA ENCORE PLUS DE SAVEUR !

ACCORD PARFAIT

Pour accompagner cette recette, il faudra prendre la précaution de marier le vin à la préparation whisky-soja-crème-citron. Il faudra choisir un vin rouge d'une grande finesse, avec une trame acidulée, et éventuellement un peu évolué afin d'avoir des tanins extrêmement fondus. Le choix se portera ici sur un bourgogne rouge de la Côte de Beaune, pour avoir le maximum de finesse et de fraîcheur. Une appellation comme **volnay** ferait un parfait compagnon pour nos grenadins de veau ! Si l'on veut se faire plaisir, il est également possible d'ouvrir une bouteille de cette aire de production, mais classée en premier cru : il s'agit des fremiets, qui, surtout s'ils ont vieilli cinq à sept ans, procureront un immense plaisir sur ce plat.

EN RÉSUMÉ

- volnay
- volnay premier cru « Fremiets »

ACCORDS ORIGINAUX

Pour compléter les saveurs offertes par les grenadins de veau au whisky, il est envisageable d'aller chercher un **vin rouge en Afrique du Sud**, avec un cépage de ce pays, le **pinotage.** Cette variété de raisins est issue d'un croisement entre le pinot noir et l'hermitage (cépage connu chez nous sous le nom de cinsault), d'où il tire son nom. Attention, si les rendements sont trop élevés, les vins sont vite maigres et peu agréables et peuvent souvent être trop boisés. En revanche, bien travaillé, ce cépage peut donner de grands vins fruités et fins, qui sauront se mettre en valeur sur notre plat. Faites attention à bien vous faire conseiller par votre caviste si vous optez pour ce cépage !

EN RÉSUMÉ

- vin d'Afrique du Sud (pinotage)

SAUTÉ DE VEAU MARENGO

CETTE RECETTE DATE DU XIXE SIÈCLE, ET PROVIENT DU CUISINIER DE NAPOLÉON BONAPARTE, QUI L'IMAGINA SUR LE CHAMP DE BATAILLE DE MARENGO, EN ITALIE. ELLE A SUBI QUELQUES ÉVOLUTIONS DEPUIS CETTE ÉPOQUE. ON UTILISE AUJOURD'HUI POUR CE PLAT DE L'ÉPAULE OU DU COLLIER DE VEAU, VIANDE IDÉALE POUR ÊTRE MIJOTÉE. ELLE EST CUITE EN COCOTTE, AVEC DES OIGNONS, DE L'AIL, DES TOMATES, LE TOUT ARROSÉ DE VIN BLANC. ON PEUT ÉGALEMENT L'AGRÉMENTER D'UN BOUQUET GARNI ET D'OLIVES, AFIN DE LUI CONFÉRER DES NOTES MÉDITERRANÉENNES.

ACCORD PARFAIT

L'accord mets-vin sur ce plat peut prendre deux directions distinctes. On peut partir sur un accord ton sur ton en jouant avec les saveurs méditerranéennes, tout en apportant de la finesse. On servira alors un vin rouge issu du Languedoc-Roussillon, comme un **pic-saint-loup.** Les notes de fruits confiturés, d'épices douces et de garrigue, conjuguées aux tanins ronds et fins de cette appellation, feront un superbe accord.

On peut aussi privilégier un accord plus en fraîcheur, en tenant compte de l'acidité de la tomate pour sélectionner notre cuvée. Dans ce cas-là, on ira chercher dans la Loire un vin riche en fruits, issu du cépage cabernet franc. Un **bourgueil** jouera parfaitement ce rôle. Il faudra prendre soin de le choisir sans son côté végétal. Le côté gourmand et les tanins croquants sauront mettre en valeur le sauté de veau Marengo. Un **saint-nicolas-de-bourgueil** tiendra également parfaitement ce rôle !

EN RÉSUMÉ

- pic-saint-loup
- bourgueil
- saint-nicolas-de-bourgueil

ACCORDS ORIGINAUX

Les saveurs du veau Marengo, liées à la tomate, au bouquet garni et aux olives, invitent au voyage dans le Sud de la France. Pour un accord des parfums ton sur ton, il est possible de servir un vin des Alpilles, notamment en AOC **baux-de-provence.** Les cépages utilisés (syrah, grenache, mourvèdre et cinsault) donnent sur ce terroir des vins charnus, aux tanins puissants mais soyeux, et aux arômes de fruits noirs, d'épices et de garrigue. La structure de ce vin embellira la finesse du veau, et les arômes apporteront une complexité aromatique supplémentaire.

Pour surprendre vos convives, pourquoi ne pas servir un **vin des Balkans,** et plus précisément de Macédoine, issu du **cépage vranec** ! Eh oui ! la Macédoine possède un vignoble – confidentiel, certes, puisqu'il fait environ 23 000 hectares, soit l'équivalent du beaujolais ! Le vranec produit dans cette région des vins rouges très fruités, riches en tanins. On le choisira avec **deux à quatre ans de vieillissement,** de façon à profiter pleinement de ses saveurs d'épices, de cannelle et de réglisse. Cette maturation permettra aussi d'avoir des tanins fondus, pour enrober la structure du veau. Un vin idéal pour ce plat, et pour épater vos invités !

EN RÉSUMÉ

- baux-de-provence
- vin de Macédoine de 2 à 4 ans (vranec)

TÊTE DE VEAU SAUCE GRIBICHE

LA TÊTE DE VEAU SAUCE GRIBICHE EST UN PLAT TRADITIONNEL DE NOTRE PAYS. LA TÊTE DE VEAU EST CUITE DANS UN COURT-BOUILLON, PUIS NAPPÉE DE SAUCE GRIBICHE. CETTE DERNIÈRE EST UNE SORTE DE MAYONNAISE, POUR LA CONFECTION DE LAQUELLE ON REMPLACE LE JAUNE D'ŒUF COULANT PAR UN JAUNE D'ŒUF DUR. ON LUI AJOUTE ENSUITE DES CÂPRES ET DES CORNICHONS. C'EST PRINCIPALEMENT SUR CETTE SAUCE QUE L'ON VA SE BASER POUR TROUVER LE MEILLEUR ACCORD METS-VIN, TOUT EN PRENANT BIEN SÛR COMPTE DE LA TEXTURE ASSEZ PARTICULIÈRE DE NOTRE VIANDE. EN EFFET, IL VA FALLOIR CHOISIR UN VIN QUI POURRA TRANCHER AVEC L'ACIDITÉ DES CÂPRES, DU VINAIGRE ET DES CORNICHONS MAIS AUSSI AVEC LE CÔTÉ GÉLATINEUX DE CE PLAT.

ACCORD PARFAIT

Il faudra donc choisir un **vin jeune.** L'accord le plus judicieux semble être un vin blanc sec, avec une belle trame minérale, et qui n'aura pas été élevé en fût. On pourra choisir un bourgogne blanc comme un **petit-chablis** où le chardonnay, sur ce type de sol, saura amener sa fraîcheur. Il sera également possible de servir un **saint-véran** pour rester en Bourgogne. Un **anjou** sec de Loire saura aussi tenir son rôle grâce à sa belle acidité et ses arômes fins.

EN RÉSUMÉ

- petit-chablis
- saint-véran
- anjou

ACCORDS ORIGINAUX

Pour accompagner ce plat typiquement français, et même un peu « franchouillard », quoi de mieux qu'un vin de copain, un joli « vin de soif », gourmand et frais. Le gamay arrive tout de suite en tête pour répondre à cette définition. Alors, pourquoi ne pas servir un **beaujolais** ? On pourra également servir un **coteaux-champenois,** un blanc non effervescent, mais qui présente toujours une belle acidité. Ce vin tranquille de Champagne saura parfaitement s'accommoder du côté « aigre » du plat tout en relevant les parfums de la tête de veau.

EN RÉSUMÉ

- beaujolais
- coteaux-champenois

VEAU

AUTRES ACCORDS

Côte de veau à l'estragon	tavel / menetou-salon / grüner veltliner (Autriche)
Épaule de veau aux légumes	minervois-la-livinière / côtes-de-provence / lirac
Escalope de veau à la crème	viré-clessé / saint-romain / chardonnay-napa valley (USA)
Escalope de veau panée	montlouis-sur-loire / crozes-hermitage bourgogne-chitry
Escalopes de veau à la milanaise	faugères / grignan-les-adhémar / rasteau
Jarret de veau braisé	canon-fronsac / lalande-de-pomerol mâcon fuissé
Paupiette de veau à la crème	anjou-gamay / sancerre côtes-d'auvergne
Piccata de veau aux pignons de pin	IGT Sicilia chardonnay (Italie) / saint-bris (sauvignon) / sauvignon de Nouvelle-Zélande
Quasi de veau basse température	fleurie / mâcon rhum XO Plantation ou HSE sauternes finish
Rognons de veau grillés	pomerol évolué / marsannay / vosne-romanée
Rôti de veau	mercurey faugères bardolino (Italie)
Veau aux girolles	fronsac / côtes-de-bourg / chianti rufina (Italie)
Veau aux pruneaux	givry / grenache (Pays d'oc) / nero d'avola (Italie)
Veau Orloff	savennières pessac-léognan / dolcetto (Italie)

BŒUF

LE BŒUF EST UN BOVIN QUE L'ON A CASTRÉ DURANT L'ÉLEVAGE. EN BOUCHERIE, ON TROUVERA DE NOMBREUSES RACES QUI APPORTERONT CHACUNE LEURS CARACTÉRISTIQUES. CERTAINS NE JURENT QUE PAR LA CHAROLAISE, D'AUTRES PAR LA SALERS, ETC. DE MULTIPLES MORCEAUX POURRONT ÊTRE SÉLECTIONNÉS EN FONCTION DE LA RECETTE QUE L'ON VOUDRA RÉALISER. DE LA PIÈCE CHOISIE DÉPENDRA LA CUISSON ; GRILLÉ, POÊLÉ, RÔTI, MIJOTÉ OU BRAISÉ, LE MÊME MORCEAU PRENDRA DES TEXTURES BIEN DIFFÉRENTES.

AINSI, ON NE POURRA PAS DONNER UN ACCORD PRÉCIS SUR LE BŒUF EN GÉNÉRAL MAIS DE TRÈS NOMBREUX ACCORDS EN FONCTION DU PLAT CUISINÉ. ON CHOISIRA UN VIN BLANC, ROSÉ OU ROUGE EN FONCTION DE TOUS CES PARAMÈTRES MAIS AUSSI EN PRENANT EN COMPTE LA SAUCE QUI ACCOMPAGNERA ÉVENTUELLEMENT L'ASSIETTE. SI ON NE CONNAÎT TOUTEFOIS PAS LA RECETTE PRÉCISE LORS DU CHOIX DU VIN, IL FAUDRA PRENDRE UN VIN ROUGE FRUITÉ DE BELLE INTENSITÉ, SUR LES VIANDES JUTEUSES ET UN VIN AUX ARÔMES D'ÉVOLUTION AVEC DES TANINS D'UNE GRANDE FINESSE SUR UNE PIÈCE DE BŒUF PLUS MIJOTÉE.

À noter

Dans ce chapitre, on se consacrera aux accords sur la viande de bœuf mais aussi à quelques produits tripiers issus du bœuf. Ces abats ont une texture particulière, assez dense, avec de belles saveurs.

BŒUF BRAISÉ AUX ÉCHALOTES

LE BŒUF BRAISÉ COMPREND TOUTES LES PARTIES DE CET ANIMAL DESTINÉES À CE MODE DE CUISSON : ON RETROUVE AINSI DES MORCEAUX « MAIGRES » (ROND DE GÎTE), DES MORCEAUX « GÉLATINEUX » (MACREUSE, JUMEAU) ET DES MORCEAUX « GRAS » (TENDRON, FLANCHET). L'IMPORTANT EST DE BIEN MÉLANGER CES TROIS VARIÉTÉS, AFIN D'OBTENIR DES TEXTURES ET DES SAVEURS ÉQUILIBRÉES. ON PEUT ÉGALEMENT RÉALISER CETTE RECETTE AVEC UN RÔTI, QUE L'ON CUISINERA ALORS ENTIER. LES ÉCHALOTES VONT PARTICULIÈREMENT MARQUER LE GOÛT DU PLAT, PUISQUE, RÉDUITES EN PURÉE ET ARROSÉES DE VIN BLANC, ELLES VONT MIJOTER PENDANT PLUSIEURS HEURES AVEC NOTRE BŒUF. CETTE RECETTE DE TERROIR POURRA AISÉMENT S'ACCOMPAGNER DE PETITES POMMES DE TERRE FONDANTES !

ACCORD PARFAIT

Pour accorder un vin avec ce plat, il faudra tenir compte des différentes textures des viandes mais surtout des échalotes. Bien que ce plat soit cuit dans du vin blanc, il est conseillé ici de servir un vin rouge. Il faudra prendre soin de choisir une cuvée fruitée, pas trop tanique, avec une belle fraîcheur. Un pinot noir de la Côte de Beaune, assez simple (c'est-à-dire sans partir sur un premier ou un grand cru), saura mettre en avant le goût de la viande par ses tanins fins et apportera l'acidité suffisante pour contrer la puissance des échalotes. Un **maranges** ou un **hautes-côtes-de-beaune** semblent être bien adaptés. En restant sur ce même profil et sur le même cépage, un **pinot noir d'Alsace** sera aussi une option tout à fait envisageable.

EN RÉSUMÉ

- maranges
- bourgogne-hautes-côtes-de-beaune
- alsace pinot noir

ACCORDS ORIGINAUX

Pourquoi ne pas essayer de servir un vin rouge de Loire, sur l'appellation **chinon,** 100 % cabernet franc. Comme pour les accords précédents sur ce bœuf braisé, on privilégiera un vin qui ne sera pas passé en barrique, afin d'en préserver le fruit. Ce cépage va apporter de la gourmandise à notre accord avec ses notes de fruits rouges assez prononcées. Il va apporter des tanins fins et une belle acidité qui nous permettront de jouer avec les textures de notre plat. À noter que ce cépage apporte aussi une petite note végétale qui sera parfaite pour accompagner les échalotes !

EN RÉSUMÉ

- chinon

ENTRECÔTE GRILLÉE

L'ENTRECÔTE EST, COMME SON NOM L'INDIQUE, LA PARTIE SITUÉE ENTRE LES CÔTES DE L'ANIMAL. C'EST UNE PIÈCE CHARNUE, PLUS OU MOINS ÉPAISSE EN FONCTION DE LA TAILLE DE LA BÊTE, ASSEZ GRASSE ET PERSILLÉE, D'UNE GRANDE FINESSE ET TENDRETÉ. C'EST POUR TOUTES CES RAISONS QUE LA MEILLEURE FAÇON DE LA CUISINER EST DE TOUT SIMPLEMENT LA SAISIR QUELQUES MINUTES À FEU TRÈS CHAUD, SUR UN GRILL. UNE POINTE DE FLEUR DE SEL, ET VOUS ÊTES PRÊTS À SAVOURER !

ACCORD PARFAIT

Pour ce plat simple à réaliser, il faut mettre en évidence la chair et le goût de la viande. Pour cela, on pourra choisir un vieux bordeaux du Médoc comme un **margaux.** Les notes de fruits apporteront un complément aromatique. Les tanins fins et polis par le temps viendront se mêler à la puissance de la texture de la viande pour un mariage réussi. Pour sublimer la note grillée due à la cuisson, on comptera sur l'élevage en barrique avec ses notes torréfiées. L'appellation, reconnue pour sa finesse dans le Médoc, apportera tous ses éléments à la fois et magnifiera notre entrecôte.

EN RÉSUMÉ

- margaux

ACCORDS ORIGINAUX

Pour accommoder l'entrecôte grillée, on peut étonner en ouvrant une bouteille de **saint-sardos rouge.** Cette appellation du Sud-Ouest est méconnue du grand public mais pourra apporter une belle surprise ; son encépagement original, syrah, tannat, cabernet franc et merlot, permet de produire des vins fruités, épicés, de belle intensité. Après deux à quatre ans de vieillissement, les tanins se seront polis et sublimeront la texture de l'entrecôte. Les notes d'épices et de poivre liées notamment à la syrah se combineront bien avec les notes dues à la cuisson ; un accord à essayer sans retenue !

EN RÉSUMÉ

- saint-sardos de 2 à 4 ans

LANGUE DE BŒUF SAUCE MADÈRE

LA LANGUE DE BŒUF EST UN ABAT QUI SE CUISINE EN SAUCE. ELLE A LA PARTICULARITÉ DE PRÉSENTER DIFFÉRENTES TEXTURES EN FONCTION DE LA PARTIE QUE L'ON MANGE : LE BOUT EST DÉLICAT ET FONDANT, ALORS QUE PLUS ON PROGRESSE SUR LE MORCEAU, PLUS LA VIANDE SERA ÉPAISSE ET FILANDREUSE, MAIS AUSSI DAVANTAGE GOÛTEUSE. LE MARIAGE AVEC LA SAUCE MADÈRE, DANS LAQUELLE ON PEUT AJOUTER DES CORNICHONS POUR APPORTER UN PEU DE PIQUANT, EN FAIT UN EXCELLENT PLAT TRADITIONNEL.

ACCORD PARFAIT

Pour ce mets, on prendra en compte la texture de la langue de bœuf mais aussi, et surtout, la sauce madère qui apporte un côté crémeux, une belle intensité aromatique et une légère amertume. On optera donc pour un vin de belle puissance, aux tanins évolués, de façon à contrer la sauce sans toutefois la dominer. On pourra servir un vin rouge de la vallée du Rhône méridionale comme un **vacqueyras** ou un **gigondas.** Un **bandol** rouge, à majorité de mourvèdre, après **cinq à six années de garde,** saura aussi se révéler sur ce plat.

EN RÉSUMÉ

- vacqueyras
- gigondas
- bandol de 5 à 6 ans

ACCORDS ORIGINAUX

Sur ce plat, il sera possible d'amener de la fraîcheur en servant un **côtes-de-provence rosé** assez puissant. On le choisira sur les beaux terroirs de la Sainte Victoire ou de Pierrefeu. Leur côté fruité et acidulé jouera les contraires et d'équilibrera le plat.

EN RÉSUMÉ

- côtes-de-provence (Sainte-Victoire ou Pierrefeu)

***Pour cet accord,** je conseillerais de réaliser la sauce avec un madère blanc. On gagnera alors encore en finesse et en plaisir dans le partage des saveurs.*

FILET DE BŒUF EN CROÛTE AUX GIROLLES

LE PRINCIPE DE CETTE RECETTE CONSISTE À ENFERMER LES SAVEURS DU BŒUF ET DES CHAMPIGNONS DANS UNE PÂTE FEUILLETÉE POUR LA CUISSON : UN PLAT AU CŒUR FONDANT, JUTEUX, AROMATIQUE, ET UNE CROÛTE BEURRÉE ET CROUSTILLANTE ; UN VÉRITABLE RÉGAL POUR LES PAPILLES ! LES TEXTURES SE MARIENT À MERVEILLE, ET LES SAVEURS, DU FAIT D'ÊTRE EMPRISONNÉES DURANT LA CUISSON, SONT DÉCUPLÉES. LA VIANDE RESTE MOELLEUSE ET LE BEURRE DE LA PÂTE FOND EN S'IMPRÉGNANT DANS LA CHAIR, UN DÉLICE !

ACCORD PARFAIT

Pour accorder un vin à ce plat, on tiendra compte des saveurs de la viande et des girolles, ainsi que de la texture de la croûte qui apportera du croquant mais qui asséchera aussi un peu les papilles. Le choix pourra se porter sur un vin rouge tendre et rond, doté d'une belle fraîcheur. Un pinot noir de Bourgogne comme un **santenay** ou un **volnay,** à la fois fruité et élégant, sera un bon compagnon de ce mets. Un autre choix pourra se diriger sur un vin plus évolué de façon à apporter des notes aromatiques plus proches du sous-bois et de la truffe, afin d'amener de la complexité et jouer avec les parfums de la girolle. Les tanins patinés par le temps mettront eux en avant les textures du plat. Un **saint-émilion** ou un **pomerol d'une dizaine d'années** joueront ce rôle à merveille

EN RÉSUMÉ

- santenay / volnay
- saint-émilion / pomerol d'une dizaine d'années

ACCORDS ORIGINAUX

Pour remplacer le pinot noir de Bourgogne et être un peu plus original, on pourra ouvrir une bouteille de vin d'Italie, sur l'appellation **barbaresco.** Ce vin rouge issu à 100 % du cépage nebbiolo saura amener des parfums fruités, avec quelques notes florales. Il aura une structure tannique intéressante car relevée par une belle acidité apte à amener de la fraîcheur, et qui remettra bien les papilles à flot. D'autre part, son vieillissement obligatoire de deux ans en fûts de chêne ou de châtaignier lui aura permis de polir ses tanins de façon à lui conférer toute la finesse requise sur le filet de bœuf en croûte.

Si l'on veut rester original et jouer sur un autre registre avec un combiné « puissance aromatique-tanins soyeux-belle fraîcheur », on choisira un **tannat uruguayen.** Si l'on connaît mieux les vins du Chili ou d'Argentine en France, il existe de très belles cuvées également dans ce pays. Dans le Sud, les nuits fraîches et l'influence de l'océan permettent aux vins de garder une belle acidité. Importé par les migrants basques, le tannat, réputé chez nous pour les vins de Madiran, offre ici des vins très fruités, élégants avec une belle finesse de tanins. Tout cela en fera un parfait complément du filet de bœuf en croûte aux girolles.

Une petite astuce pour un feuilleté croustillant :
faites saisir préalablement votre rôti et vos champignons, égouttez-les bien, mais surtout, déposez-les froids sur votre pâte, afin de ne pas la ramollir.

EN RÉSUMÉ

- barbaresco (Italie)
- tannat (Uruguay)

TOURNEDOS ROSSINI

LA RECETTE TRADITIONNELLE DE CE PLAT DE FÊTE EST CONSTITUÉE D'UNE TRANCHE DE PAIN DORÉE DANS DU BEURRE, SUR LAQUELLE ON POSE UNE ÉPAISSE TRANCHE DE FILET DE BŒUF (AUSSI APPELÉE TOURNEDOS), QUI A SIMPLEMENT ÉTÉ CUITE DANS UNE POÊLE BIEN CHAUDE. ON DÉPOSE PAR-DESSUS UNE ESCALOPE DE FOIE GRAS DE CANARD JUSTE SAISIE ET, ENFIN, ON TERMINE PAR UNE BELLE LAMELLE DE TRUFFE. LA SAUCE ACCOMPAGNANT CETTE VIANDE EST RÉALISÉE AVEC LES SUCS DE CUISSON, AUXQUELS ON AJOUTE DU MADÈRE OU DU PORTO. CE PLAT RENOMMÉ ET TRÈS APPRÉCIÉ DES GASTRONOMES A MALHEUREUSEMENT UN COÛT RELATIVEMENT ÉLEVÉ ; C'EST POUR CELA QU'ON LE RÉSERVE GÉNÉRALEMENT POUR LES GRANDES OCCASIONS !

ACCORD PARFAIT

Cette recette est riche en saveurs et en textures et il faudra prendre soin de ne rien masquer avec le vin mais au contraire de sublimer. La solution consiste à servir un vin suffisamment puissant de façon à équilibrer le plat. On choisira un languedoc rouge jeune, un **minervois** par exemple, qui apportera des arômes de fruits mûrs, des notes d'épices, de tapenade ou encore de réglisse. Cette complexité aromatique se mariera avec la variété de saveurs présentes sur ce plat. La sucrosité et la finesse des tanins offertes par ce type de vins permettront une mise en avant du goût de la viande sans masquer le foie gras. Un **saint-chinian,** également issu de syrah, de grenache et de mourvèdre, avec ses arômes épicés, se mettra au diapason des saveurs du plat ; on le préférera là encore sur les fruits, assez jeune, et non élevé en fût.

EN RÉSUMÉ

- minervois jeune
- saint-chinian jeune et non-élevé en fût

ACCORDS ORIGINAUX

Pour accompagner ce plat aux multiples saveurs, très fin, il est aussi possible de jouer davantage sur l'équilibre que sur les saveurs comme il a été proposé pour l'accord précédent. Un côtes-du-rhône septentrional, 100 % syrah, comme un **crozes-hermitage,** saura mettre en avant les saveurs de la recette grâce à sa fraîcheur. Ses tanins fins enroberont bien les textures du plat. Enfin, la note poivrée de la syrah mettra en valeur le goût de la viande et du foie gras en rappelant les arômes du tour de moulin à poivre que l'on peut mettre pour relever les notes de ces mets.

Si l'on veut se rapprocher de l'accord sur les saveurs, on peut franchir la frontière et se rendre en Espagne, et plus précisément en Catalogne, sur l'appellation **priorat.** On va retrouver ici des sols de schiste, avec des cépages languedociens comme le carignan, la syrah et le grenache. Les vins rouges de cette région vont présenter des notes de fruits rouges intenses, d'épices douces qui sauront se mettre en avant sur le plat tout en mettant en valeur les arômes du tournedos et du foie gras. La finesse des tanins se mariera avec la finesse des textures du plat. Encore une fois, il faudra prendre garde de choisir une cuvée non marquée par l'élevage sous bois et favoriser la fraîcheur du fruit.

EN RÉSUMÉ

- crozes-hermitage
- priorat (Espagne)

TRIPES À LA MODE DE CAEN

LES TRIPES CORRESPONDENT AUX DIFFÉRENTES PARTIES DE L'ESTOMAC D'UN RUMINANT. CE PLAT ANCESTRAL QUI REMONTERAIT AU MOYEN ÂGE EST UN PEU BOUDÉ DE NOS JOURS. IL RESTE POURTANT UN METS INCONTOURNABLE ET TYPIQUE DE LA GASTRONOMIE FRANÇAISE ! DANS NOTRE RECETTE, ON UTILISE DES TRIPES DE BŒUF, AUXQUELLES ON AJOUTE UN PIED DE CE MÊME ANIMAL. LA « MODE DE CAEN » CONSISTE À FAIRE MIJOTER LES PIÈCES DE VIANDE DANS UN BOUILLON À BASE DE SPÉCIALITÉS DE LA RÉGION NORMANDE : DU CALVADOS ET DU CIDRE !

ACCORD PARFAIT

La difficulté de l'accord sur ce plat provient de sa texture gélatineuse en bouche et de la sauce à la fois sucrée et acide. On devra donc choisir un vin capable de s'adapter à ces deux contraintes. On choisira un vin blanc sec, d'une belle acidité, pour que la texture du plat ne soit pas altérée. On pourra servir un vin de Loire sur l'appellation **coteaux-du-loir.** Sa fraîcheur saura nettoyer la bouche et se mettre au service du plat. On pourra également servir un vin blanc des **fiefs-vendéens** ou un cru du **Muscadet.**

EN RÉSUMÉ

- coteaux-du-loir
- fiefs-vendéens
- muscadet

ACCORDS ORIGINAUX

Pour détonner et changer du vin blanc, on pourra à l'inverse servir un vin du Languedoc-Roussillon rouge, assez puissant, aux tanins fins et polis par l'élevage. On va faire se concentrer sur le côté « viande » de la tripe tout en conférant au plat une certaine complexité aromatique. Un **fitou** rouge saura parfaitement tenir ce rôle. Ses notes à la fois fruitées et épicées vont en effet apporter une belle originalité en bouche.

EN RÉSUMÉ

- fitou

*Attention, **pour éviter toute désillusion, cet accord est à réserver à des gourmets prêts à être surpris !***

BŒUF

AUTRES ACCORDS

Rôti de bœuf brioché	chinon / montagne-saint-émilion / côtes-du-rhône
Bœuf au curry	crozes-hermitage / mondeuse ; condrieu
Bœuf aux carottes	fixin / vinsobres / patrimonio
Bœuf en croûte d'herbes	côtes-de-provence / patrimonio / priorat (Espagne)
Bœuf en daube	cahors / gigondas / chianti (Italie)
Boulettes de bœuf au piment d'Espelette et piperade	irouléguy / saint-joseph / côtes-du-rhône
Brochettes de bœuf au paprika	fronton / côtes-de-thau / irouléguy
Carpaccio de bœuf à la feta	alsace pinot noir / chiroubles / maranges
Chili con carne	dolcetto d'alba (Italie) / irouléguy ; tavel
Consommé de bœuf et ravioles au cantal	entre-deux-mers / pouilly-fuissé / condrieu
Côte de bœuf grillée	saint-julien / madiran / douro (Portugal)
Émincé de bœuf stroganoff	lirac ; beaumes-de-venise / côtes-du-roussillon
Entrecôte vigneronne	canon-fronsac / cahors / gevrey-chambertin premier cru
Onglet à l'échalote	brouilly / côtes-du-marmandais / sancerre
Pot-au-feu de queue de bœuf	morgon / arbois rouge / coteaux-du-lyonnais
Queue de bœuf au madère	castillon-côtes-de-bordeaux / saint-émilion / cairanne
Rôti de bœuf brioché	gigondas / pic-saint-loup / pomerol
Steak au poivre	côte-rôtie / faugères / morgon
Steak tartare	fleurie / anjou / languedoc

PORC

QUE CE SOIT EN VIANDE FRAÎCHE OU SOUS FORME DE CHARCUTERIE, LA VIANDE PORCINE FAIT PARTIE DES PRODUITS PHARES DE LA CUISINE FRANÇAISE.
TOUT LE MONDE A DÉJÀ ENTENDU L'ADAGE POPULAIRE QUI DIT : « DANS LE COCHON, TOUT EST BON ! » ET CELA S'AVÈRE EXACT CAR CHAQUE MORCEAU DU PORC POURRA ÊTRE CONSOMMÉ SI L'ON RESPECTE DIFFÉRENTS MODES DE CUISSON ET DE PRÉPARATION. CETTE DIVERSITÉ NOUS OFFRE UN VASTE CHOIX D'ACCORD METS-VINS À RÉALISER. LES SAVEURS POURRONT AUSSI VARIER EN FONCTION DES RACES DE PORC, QUE L'ON TROUVE PAR DIZAINES EN FRANCE.
POUR APPRÉCIER AU MIEUX CETTE VIANDE, IL S'AGIRA DE FAIRE ATTENTION À LA SURCUISSON QUI TEND À L'ASSÉCHER ET À LA RENDRE MOINS GOÛTEUSE. IL EST CONSEILLÉ DE LA CUIRE LENTEMENT, À FEU MODÉRÉ, POUR QU'ELLE RESTE TENDRE, JUTEUSE ET SAVOUREUSE.

À savoir
Une viande porcine cuite à l'os est toujours plus goûteuse qu'une viande préalablement désossée.

ANDOUILLETTES GRILLÉES

CE FLEURON DE LA CHARCUTERIE FRANÇAISE EST ESSENTIELLEMENT CONSTITUÉ D'ÉLÉMENTS DU TUBE DIGESTIF DU PORC. DE FORME CYLINDRIQUE ET DE LONGUEUR POUVANT VARIER D'UN PRODUCTEUR À L'AUTRE, L'ANDOUILLETTE EST VENDUE CUITE. LA CUISSON SE FAIT EN EFFET EN AMONT, AVEC DES AROMATES, DES CONDIMENTS ET DU VIN BLANC, EN RÈGLE GÉNÉRALE. ON LA CONSOMME CHAUDE, APRÈS L'AVOIR FAIT GRILLER À LA POÊLE OU AU BARBECUE. ELLE N'EST JAMAIS FUMÉE, CONTRAIREMENT À L'ANDOUILLE, AVEC LAQUELLE ELLE EST SOUVENT CONFONDUE. L'ANDOUILLETTE EST UN PLAT TYPIQUEMENT FRANÇAIS, ET SA COMMERCIALISATION NE TRAVERSE QUASIMENT PAS LA FRONTIÈRE !

ACCORD PARFAIT

Cette andouillette a la particularité d'avoir une saveur puissante et est souvent associée à la moutarde, qui va encore amener un supplément de saveur intense. L'andouillette a une texture assez tendre car les morceaux sont hachés. Pour ne pas gâcher les saveurs existantes, et de façon à sublimer ce plat, on disposera de deux solutions :

Un **vin blanc sec,** avec une tension acide certaine, pourra mettre en valeur les parfums du plat. On pourra le choisir légèrement boisé. Un vin de Loire, issu du cépage sauvignon, tiendra parfaitement ce rôle ; **pouilly-fumé, quincy** ou **reuilly** sont trois appellations qui seront vous plaire.

Un **vin rouge** pour faire ressortir un côté « viandé » à l'andouillette. On prendra garde de servir une cuvée fruitée, légèrement épicée, voire avec des notes animales. Des tanins fondus avec un peu d'évolution sauront aussi mettre en valeur la texture du plat. Un **cairanne** ou un **rasteau, âgés de sept à neuf ans,** tiendront leur rang face à cette andouillette grillée.

EN RÉSUMÉ

- pouilly-fumé / quincy / reuilly
- cairanne / rasteau de 7 à 9 ans

ACCORDS ORIGINAUX

Pour accompagner l'andouillette grillée de façon originale, il est possible de servir un **vin rouge d'Afrique du Sud** avec un cépage **pinotage.** Créé en 1925, il s'agit d'un croisement entre le pinot noir et le cinsault, également appelé hermitage. La conjonction des deux mots a donné son nom à cette nouvelle variété. Ce cépage va nous offrir des vins très fruités avec de jolies notes épicées. On choisira une cuvée âgée de **quatre à cinq ans** dont les tanins vont prendre un côté moelleux parfait sur le plat.

Attention
Si ce cépage n'est pas travaillé avec soin et précision, il peut vite donner des vins maigres, grossiers et sans intérêt.

Pour un accord à la fois original et régional, on va servir un vin de l'Yonne, et précisément un **irancy.** Ce vin rouge est issu du cépage pinot noir auquel on peut ajouter jusqu'à 10 % de césar, une variété de raisins traditionnelle de la région. Sur cette appellation on aura des vins à la fois puissants mais élégants avec des jolis arômes de fruits. Ces caractéristiques correspondent bien au profil de vin recherché pour l'andouillette grillée.

EN RÉSUMÉ

- vin d'Afrique du Sud de 4 à 5 ans (pinotage)
- irancy

COLOMBO DE PORC

LE COLOMBO N'EST PAS UNE ÉPICE EN SOI, MAIS PLUTÔT UN MÉLANGE D'ÉPICES : CUMIN, CURCUMA, FENUGREC, MOUTARDE, CLOU DE GIROFLE, CORIANDRE, POIVRE NOIR ET GINGEMBRE. LES GRAINES DE CES DIFFÉRENTES ÉPICES SONT SÉCHÉES AVANT D'ÊTRE MOULUES. LA COULEUR JAUNE DE CETTE POUDRE VA COLORER IMMÉDIATEMENT CE PLAT (ET LES DOIGTS !) TYPIQUEMENT ANTILLAIS. LE PORC, COUPÉ EN MORCEAUX, EST MARINÉ DANS LE COLOMBO, AVEC DE L'AIL, DES OIGNONS... AVANT DE MIJOTER DOUCEMENT. ON ACCOMPAGNE SOUVENT CE PLAT TYPIQUEMENT ANTILLAIS DE RIZ BLANC, ET LES « LÉGUMES PAYS » APPORTERONT UNE TOUCHE ENCORE PLUS EXOTIQUE À VOS ASSIETTES !

ACCORD PARFAIT

Toute la difficulté (mais également la magie) de cet accord va se trouver dans les saveurs si fabuleuses du colombo. Pour ce plat un vin blanc me semble bien adapté. On le choisira à la fois souple pour mettre en avant la texture de la viande, et très aromatique pour rivaliser avec les parfums envoutant du colombo. Si on préfère les vins opulents, les viogniers de l'appellation **condrieu** seront parfaits. Si l'on veut un vin plus frais et un peu plus sec que rond, on ira sur l'appellation **bandol en blanc** ou **côtes-de-provence blanc.** Issus du cépage rolle (vermentino), ces vins offriront de belles saveurs et une tension minérale agréable pour nettoyer la bouche. En effet, son acidité va nettoyer les papilles et rallongera la persistance aromatique du plat.

EN RÉSUMÉ

- condrieu
- bandol / côtes-de-provence

ACCORDS ORIGINAUX

Ce plat antillais invite au voyage, au soleil et donc pourquoi ne pas servir un vin en adéquation avec cet imaginaire ? On ouvrira un rosé ample, parfumé tout en gardant une trame acide proche d'un vin blanc. Un **bandol rosé,** à base de mourvèdre, semble idéalement adapté à accompagner ce mets épicé. Si l'on veut rester dans un budget plus raisonnable on pourra choisir un rosé de l'appellation **côtes-de-provence-la-londe-les-maures.**

Pour rester sur un vin blanc tout en jouant l'originalité par la juxtaposition des arômes, on pourra servir un **vin d'Alsace gewurztraminer** sec. Les notes d'épices typiques de ce cépage se mettront en résonnance avec les parfums du colombo. Face à cette accumulation de saveurs, on choisira en revanche un vin **très sec.** L'acidité liée au vin blanc vinifié en sec, sans aucun sucre résiduel, nous permettra de nettoyer la bouche et donc de ne pas être écœuré par l'ensemble des arômes.

EN RÉSUMÉ

- bandol
- côtes-de-provence-la-londe-les-maures
- alsace gewurztraminer très sec

À savoir

Le terme « légumes pays » est utilisé dans les Antilles françaises pour désigner les légumes locaux. La banane plantain, le chou chinois (ou dachine), la christophine (ou chayotte), l'igname, la patate douce ou encore le giraumon sont ceux que l'on retrouve principalement sous cette appellation.

ÉMINCÉ DE PORC AUX PETITS LÉGUMES

L'ÉMINCÉ DE PORC, QUE L'ON APPELLE ÉGALEMENT SAUTÉ DE PORC, SE PRÉSENTE EN GROS DÉS DE VIANDE. POUR CETTE RECETTE, IL FAUDRA CHOISIR DE PRÉFÉRENCE DES LÉGUMES DE SAISON : CELA PEUT ÊTRE DES PETITS POIS, DES CAROTTES, DES CHAMPIGNONS, DES POMMES DE TERRE... LE PRINCIPE EST DE LES FAIRE MIJOTER AVEC LES MORCEAUX DE PORC DANS UN BOUILLON À BASE DE VIN BLANC, ET D'HERBES PROVENÇALES. UN BON PETIT PLAT, QUI POURRA SE RÉVÉLER ENCORE MEILLEUR RÉCHAUFFÉ LE LENDEMAIN !

À savoir

Pour profiter pleinement de la complexité aromatique et de l'ampleur en bouche si caractéristiques de ce rosé de gastronomie, veillez à ne pas le servir trop frais : une température de 12 à 14 °C sera idéale.

ACCORD PARFAIT

De nombreuses saveurs émanent de ce plat assez simple, mais aucune ne prend vraiment le dessus sur l'autre. Pour trouver l'accord, il suffira de choisir un vin rouge fruité, très gourmand, avec un peu de « peps », pour mettre en valeur le porc, les légumes et les arômes de cuisson. On choisira un vin plutôt facile d'accès, non boisé, et sans grosse structure tannique. Un **gamay du Beaujolais** tiendra parfaitement ce rôle. Pour les plus gourmands, préférant un vin un peu plus structuré, le choix se portera sur un cru comme **morgon** ou **brouilly.**

EN RÉSUMÉ

● beaujolais (gamay) / morgon / brouilly

ACCORDS ORIGINAUX

Ce plat, que l'on sert au début de l'automne, pourra aussi se faire accompagner d'un vin rosé. Ce sera un petit clin d'œil à l'été qui se termine. On choisira là un rosé puissant, avec des notes de fruits appuyées, et une belle structure. Un **marsannay rosé,** AOC de Bourgogne, issu du cépage pinot noir, tiendra parfaitement ce rôle. Il allie les arômes de groseille, de pêche de vigne, de fruits rouges aux notes légèrement épicées. En bouche, il est à la fois tendre, savoureux et frais, parfait sur notre mets !

EN RÉSUMÉ

● marsannay

MIGNON DE PORC EN CROÛTE DE SEL

SITUÉ DE PART ET D'AUTRE DE L'ÉCHINE, LE FILET MIGNON EST UN DES MORCEAUX LES PLUS TENDRES DU PORC. L'IDÉE DE CETTE RECETTE EST D'ENVELOPPER LE FILET MIGNON DANS UNE PÂTE FAITE DE GROS SEL, DE FARINE, DE BLANC D'ŒUF, D'EAU ET D'HERBES DE PROVENCE, POUR ENSUITE LE FAIRE CUIRE AU FOUR. AINSI, LES SAVEURS DES AROMATES VONT LENTEMENT S'INTÉGRER À LA CHAIR DE LA VIANDE QUI, EN CUISANT À L'ÉTOUFFÉE, RESTERA MOELLEUSE À SOUHAIT !

ACCORD PARFAIT

Si on préfère le fruité et la gourmandise, on pourra servir un vin du Beaujolais et notamment un **juliénas** ou un **chiroubles.** Si l'on veut privilégier une note épicée, pourquoi ne pas ouvrir une bouteille de **crozes-hermitage.** Issu du cépage syrah, ce vin saura parfaitement apporter une fraîcheur, des tanins souples et une aromatique adaptés à ce mets.

EN RÉSUMÉ

- juliénas
- chiroubles
- crozes-hermitage

ACCORDS ORIGINAUX

Servir un vin du Médoc, comme un **moulis, vieilli d'une dizaine d'années,** permettra sur ce plat d'apporter de la fraîcheur, de la douceur de tanins et une complexité aromatique. Le vin sera à la fois frais et fin, grâce aux tanins polis par le temps, et sera riche d'une gamme d'arômes de sous-bois et de truffe. Ceux-ci apporteront un joli complément au plat. Un accord moins commun qui mérite d'être essayé !

EN RÉSUMÉ

- moulis d'une dizaine d'années

TRAVERS DE PORC GRILLÉS

LES TRAVERS DE PORC CORRESPONDENT À LA LONGUE BANDE DE CÔTES QUI SE TROUVE AU NIVEAU DE LA CAGE THORACIQUE DE L'ANIMAL. POUR L'APPRÉCIER AU MIEUX, CETTE VIANDE DOIT ÊTRE MARINÉE : ELLE SERA PLUS TENDRE ET AURA SURTOUT PLUS DE SAVEURS. JE VOUS CONSEILLE DE RÉALISER UNE MARINADE ÉPICÉE ET AGRÉMENTÉE D'UNE POINTE DE MIEL QUI, EN GRILLANT, AMÈNERA UN CÔTÉ CARAMEL GRILLÉ À NOTRE VIANDE, QUI SERA FORT AGRÉABLE !

ACCORD PARFAIT

Sur ce mets savoureux, on tiendra compte de la cuisson, et bien entendu de la marinade qui apporte un côté presque sucré au plat. Le côté épicé va quant à lui être plus fin et discret. On privilégiera ici plutôt un vin rouge qu'un blanc. On le choisira avec une belle puissance, mais avec des tanins fins, car le plat est relativement gras. Un excès de tanins assécherait l'ensemble. Le cépage syrah offre des vins à la fois puissants, avec des notes d'épices prononcées, qui se marieront à la perfection avec ce plat. Un complément de grenache apportera des touches de fruits confiturés, qui iront bien avec les notes de caramélisation. On pourra choisir une cuvée élevée sous bois, afin de compléter les parfums avec des arômes de torréfaction, légèrement moka. Le choix final se portera sur un **côtes-du-roussillon rouge.** Les appellations de la vallée du Rhône méridionale, comme le **gigondas** ou le **vacqueyras,** tiendront aussi bien leur rôle.

EN RÉSUMÉ

- côtes-du-roussillon
- gigondas
- vacqueyras

ACCORDS ORIGINAUX

Pour sublimer les saveurs du plat, il est également possible de jouer avec des vins puissants et tanniques, à condition toutefois que ces tanins aient un grain très fin ; qu'ils aient subi une évolution grâce au temps. On privilégiera ceux passés en barrique pour l'aromatique bien entendu, mais aussi pour la patine du tanin. Les **vieux madirans rouges, d'une dizaine d'années,** seront parfaits. La texture du plat s'alliera parfaitement avec la souplesse du vin, lié au vieillissement, et les arômes seront complémentaires de ceux du plat.

Pour rester dans la même logique que l'accord précédent tout en privilégiant une touche d'originalité, je vous conseille un **vin rouge issu des pays de l'Est,** et plus précisément de la **Macédoine.** Ce pays utilise majoritairement deux cépages, la smederevka en blanc, et le vranec en rouge. C'est ce dernier que l'on va utiliser pour notre accord avec le travers de porc grillé. Le vranec produit des vins rouges très fruités, riches en tanins qui se patinent au bout de deux à trois ans pour offrir une belle finesse en bouche.

D'autre part, au terme de ce petit vieillissement, le vin va se doter d'arômes de réglisse, de cannelle, voire de chocolat, qui se marieront à la perfection avec les saveurs du plat.

EN RÉSUMÉ

- madiran d'une dizaine d'années
- vranec (Macédoine)

SAUCISSE DE MORTEAU

CETTE SPÉCIALITÉ DE FRANCHE-COMTÉ EST UNE SAUCISSE FUMÉE, QUI BÉNÉFICIE D'UNE AOP DEPUIS 2010. ELLE PEUT ÊTRE CUITE DE DIFFÉRENTES MANIÈRES : À L'EAU, À LA VAPEUR, AU FOUR ET, POURQUOI PAS, GRILLÉE AU BARBECUE ! QUEL QUE SOIT LE MODE DE CUISSON, FAITES BIEN ATTENTION À NE PAS PERCER LA PEAU, CAR LE FUMÉ S'ÉCHAPPERA, ET LA SAUCISSE PERDRA ALORS TOUTE SA SAVEUR PARTICULIÈRE ! ELLE S'ACCOMPAGNE À MERVEILLE DE NOMBREUX LÉGUMES, MAIS LES LENTILLES SONT LES PLUS FRÉQUEMMENT PRIVILÉGIÉES.

ACCORD PARFAIT

L'accord devra se réaliser ici non pas en fonction de la viande mais de son mode de préparation. Le vin sera choisi en fonction de son aromatique sur les notes fumées. On essaiera aussi de tenir compte de la texture grasse de la saucisse en évitant les vins aux tanins grossiers ou trop durs. On choisira un vin plutôt frais et facile à boire. Le choix se portera sur un **vin rouge du Jura,** assez fin et léger, à base essentiellement de **poulsard.** Facile d'approche, ce vin est doté d'arômes qui se marieront bien à notre plat tout en jouant l'accord local.

EN RÉSUMÉ

- poulsard

ACCORDS ORIGINAUX

Tout en restant sur un accord régional, on choisira l'originalité en servant un **blanc du Jura,** issu du cépage **savagnin.** Ses notes de noix, de fruits secs et de cumin apporteront une complexité aromatique aux saveurs fumées de la saucisse. Son acidité équilibrera le gras de la Morteau tout en prolongeant les parfums en fin de bouche. Soyez sûr que cet accord étonnera !

EN RÉSUMÉ

- vin du jura (savagnin)

PORC

AUTRES ACCORDS

Andouille séchée au poivre de Sichuan	cour-cheverny / patrimonio / pouilly-fuissé
Andouillettes à la normande	régnié clairette-de-die coteaux-du-loir
Boudin noir aux coings	collioure / terrasses-du-larzac / cairanne
Cochon de lait rôti	clos-de-vougeot / chambolle-musigny albariño (Espagne)
Crépinettes de porc aux pommes	mâcon / vin-de-savoie-chignin-bergeron montagne-saint-émilion
Crumble de boudin et pain d'épices	crozes-hermitage / côtes-du-roussillon / collioure
Gratin au lonzu	vin-de-corse-sartène / vin-de-corse-ajaccio vin-de-corse-porto-vecchio
Jarret grillé	valençay / coteaux-du-lyonnais / touraine-gamay
Pâté lorrain	gris-de-toul alsace edelzwicker / alsace sylvaner
Petit salé aux lentilles	saint-nicolas-de-bourgueil / menetou-salon / fronton
Poitrine de porc aux dattes et ras el-hanout	syrah (Pays d'oc) / guerrouane (Maroc) faugères
Risotto et boudin noir rôti	bardolino (Italie) / saint-nicolas-de-bourgueil / crozes-hermitage
Rôti de porc à la moutarde	saumur-champigny crozes-hermitage / greco di tufo (Italie)
Saucisse de Toulouse au chou	alsace riesling / jurançon sec / pouilly-fumé
Saucisses forestières	montlouis-sur-loire faugères / bandol
Saucisson au saint-nectaire et aux éclats de noix de cajou	touraine-gamay / chinon pouilly-fumé
Terrine de jambonneau	saumur / bourgogne / fleurie

GIBIER

LES GIBIERS SONT LES ANIMAUX QUE L'ON CHASSE POUR LEUR VIANDE.
LA CONSOMMATION DE CELLE-CI A DONC ESSENTIELLEMENT LIEU À L'AUTOMNE ET EN HIVER. ON DISTINGUERA DEUX GRANDES CATÉGORIES DE GIBIER BIEN DISTINCTES :

- LE GIBIER À POILS QUE SONT LE SANGLIER, LE CERF, LA BICHE, LE LAPIN OU ENCORE LE LIÈVRE.
- LE GIBIER À PLUMES DANS LAQUELLE ON RETROUVE LE FAISAN, LES PERDRIX, LES CAILLES, GRIVES OU AUTRES BÉCASSES.

CE SONT DES VIANDES TRÈS SAVOUREUSES, AVEC DE BEAUX PARFUMS, SOUVENT ACCOMPAGNÉES DE SAUCES AUX VINS OU DE SAUCES UN PEU SUCRÉES. IL FAUDRA TENIR COMPTE DE TOUS CES ARÔMES POUR LES ACCORDS METS-VINS.

CAILLE AU CURRY ET LAIT DE COCO

LES CAILLES FONT PARTIE DES PETITS GIBIERS À PLUMES. ELLES ONT UNE CHAIR FINE, TENDRE, QUI PEUT S'APPARENTER À DE LA VOLAILLE. C'EST POUR CELA QUE DE NOMBREUSES RECETTES DE VIANDE BLANCHE PEUVENT ÊTRE ADAPTÉES AUX CAILLES. C'EST LE CAS DE CELLE-CI, QUI SE RÉALISE AISÉMENT AVEC DU POULET. LA VIANDE EST MIJOTÉE DANS UNE SAUCE À BASE DE CRÈME FRAÎCHE, D'OIGNONS, DE LAIT DE COCO ET DE POUDRE DE CURRY. ELLE SERA PLUS OU MOINS ÉPICÉE SELON LA FORCE DU CURRY UTILISÉ. AGRÉMENTÉ DE NOIX DE COCO RÂPÉE, AJOUTÉE EN FIN DE CUISSON, ON TROUVERA DANS CE PLAT UN LÉGER CROQUANT ET UNE SAVEUR SUCRÉE-SALÉE FORT AGRÉABLE, QUI ATTÉNUERA LE PIMENT DU CURRY.

ACCORD PARFAIT

Dans ce cas précis, on penchera pour un accord marqué par le parfum, les épices liées au curry et par le lait de coco, qui apportera de la douceur au plat. On a dans ce mets plusieurs contraintes pour l'accord : le sucré-salé et l'épicé, qui se conjuguent à la saveur goûteuse de la caille. Un **vin de fruits,** avec une finale fraîche apte à nettoyer les papilles me semble judicieux. On pourra servir un vin gouleyant à base de **gamay** comme un **cru du Beaujolais** qui saura parfaitement tenir son rang face à ce plat.

EN RÉSUMÉ

● beaujolais (gamay)

ACCORDS ORIGINAUX

Pour jouer au mieux avec les saveurs multiples et complexes de ce plat, on pourra servir un **vin rosé structuré,** dont les parfums ne masqueront toutefois en rien ceux du plat. D'autre part, sa fraîcheur, proche de celle d'un vin blanc, allongera la perception des saveurs en finale. Cet accord jouera sur les équilibres : un **tavel** à base de syrah sera parfait. Il saura apporter un complément de fruits et d'épices tout en restant discret. Un bel accord à essayer !

EN RÉSUMÉ

● tavel

CAILLE FARCIE AUX RAISINS

CE PLAT, QUE L'ON SERT TRADITIONNELLEMENT DURANT LES FÊTES DE FIN D'ANNÉE, SE COMPOSE TOUT SIMPLEMENT DE CAILLES QUE L'ON A FARCIES AVEC DES RAISINS SECS MACÉRÉS DANS DU COGNAC, ET D'UNE SAUCE À BASE DE FOND DE VOLAILLE, DE COGNAC ET DE RAISINS FRAIS. TOUS CES INGRÉDIENTS DONNENT UN PLAT SUCRÉ-SALÉ, FRAIS, ACIDULÉ, ET PRÉSENTANT UNE VIANDE TENDRE ET MOELLEUSE. LES RAISINS FRAIS, PRÉSENTS EN QUANTITÉ, REMPLACENT NORMALEMENT LES LÉGUMES. MAIS SI VOUS LE SOUHAITEZ, VOUS POUVEZ ACCOMPAGNER VOS CAILLES D'UNE PURÉE DE POMMES DE TERRE OU, POURQUOI PAS, DE PATATES DOUCES, POUR RESTER DANS LA DOUCEUR !

ACCORD PARFAIT

Pour cet accord mets-vin, il faut tenir compte de la finesse de la viande mais aussi de l'accompagnement, ainsi que du côté sucré-salé. Attention également au côté très savoureux de la caille malgré sa petite taille. Les vins rouges seront idéaux sur ce type de plat à condition de les choisir sur le fruit et dotés d'une belle fraîcheur. On ne misera pas ici sur la puissance ni sur le côté « giboyeux » comme on pourrait le faire sur d'autres gibiers, mais sur la longueur en bouche et le côté acidulé en finale. Deux choix semblent donc être judicieux. Soit un vin de Loire, à base de cabernet franc, comme un **bourgueil** ; soit un vin de la vallée du Rhône nord, non boisé, comme un **saint-joseph**.

EN RÉSUMÉ

- bourgueil / saint-joseph

ACCORDS ORIGINAUX

Si l'on préfère servir un vin rouge plus puissant, il faudra le choisir avec une belle évolution pour que les tanins aient perdu de leur fermeté. Et pourquoi pas un **cahors d'une quinzaine d'années.** Les notes tertiaires apporteront de la complexité aromatique au plat sans pour autant masquer celle de la farce. La finesse des tanins évolués mettra en valeur la caille. Un bel accord pour passer un bon moment en hiver autour de la table !

EN RÉSUMÉ

- cahors d'une quinzaine d'années

LIÈVRE À LA ROYALE

VOICI UNE RECETTE MYTHIQUE DE LA GASTRONOMIE FRANÇAISE QUI DEMANDE DE LA RIGUEUR ET DE LA TECHNIQUE. LE LIÈVRE À LA ROYALE EST NÉ AU XVIIIE SIÈCLE, ALORS QUE LOUIS XIV, FRIAND DE VIANDE MAIS ÉTANT SUJET À DES PROBLÈMES DE SANTÉ, DEMANDA À SON CUISINIER DE LUI PRÉPARER UN PLAT À BASE DE VIANDE QUI N'AURAIT PAS FORCÉMENT BESOIN D'ÊTRE MÂCHÉE. DANS CE PLAT, LE LIÈVRE EST DÉCOUPÉ ET LONGUEMENT MIJOTÉ EN PLUSIEURS ÉTAPES, ACCOMPAGNÉ DE GORGE DE PORC, DE LARD, DE FOIE GRAS, DE COGNAC, DE VIN, DE PETIT LÉGUMES ET D'ÉPICES. TOUT CECI LUI CONFÈRE UN MOELLEUX ET UN FONDANT EXCEPTIONNELS !

ACCORD PARFAIT

Pour accompagner ce plat d'exception, un vin mythique lui est traditionnellement associé, le très célèbre vin **romanée-conti.** En raison de sa notoriété et de sa production restreinte, ce vin fait rêver tous les grands amateurs mais, malheureusement, son prix le rend aujourd'hui inaccessible pour nombre d'entre eux. On pourra toutefois se consoler et rester dans la Côte de Nuits, avec un pinot noir un peu âgé, pour que les tanins suaves se fondent avec le plat. Un **vosne-romanée d'une dizaine d'années** ou un **charmes-chambertin** sauront tenir leur rôle à la perfection. Pour rester dans un budget plus modeste, un **chambolle-musigny,** tout en finesse, en fruits et en élégance, saura s'accommoder de notre lièvre à la royale avec brio.

EN RÉSUMÉ

- romanée-conti
- vosne-romanée d'une dizaine d'années
- charmes-chambertin
- chambolle-musigny

ACCORDS ORIGINAUX

Pour changer des habitudes, on peut aller sur une autre région française afin de chercher un vin puissant et dont le temps saura fondre les tanins à la perfection. Et quoi de mieux qu'un vieux **bandol d'une quinzaine d'années** pour cela ? Sa complexité aromatique avec des arômes tertiaires ainsi que la puissance du mourvèdre polie par le temps en feront un compagnon idéal pour ce plat savoureux et d'une grande finesse.

Pour accompagner ce grand plat de la gastronomie française, il n'est pas interdit de franchir les Pyrénées et servir une bouteille de Catalogne, sur l'appellation **priorat.** Ces vins, issus de grenache et de carignan, cultivés sur des pentes où la mécanisation est souvent impossible, ont la capacité d'offrir un fruit mûr imposant, une grande puissance mais avec des tanins soyeux, parfaits pour sublimer le lièvre à la royale.

EN RÉSUMÉ

- bandol d'une quinzaine d'années
- priorat (Espagne)

SALMIS DE PALOMBE

LA PALOMBE, ÉGALEMENT CONNUE SOUS LE NOM DE PIGEON RAMIER, EST UN OISEAU QUI SE CHASSE BEAUCOUP DANS LE SUD-OUEST DE LA FRANCE. LE SALMIS DE PALOMBE EST DEVENU UN METS TRADITIONNEL DE CETTE MÊME RÉGION. IL S'AGIT EN FAIT D'UN RAGOÛT À BASE DE VIN ROUGE, D'OIGNONS, D'AIL, DE LAURIER, DE THYM ET, SANS L'OUBLIER, DE JAMBON (DE BAYONNE DE PRÉFÉRENCE !). CE PLAT S'ACCOMPAGNERA DIVINEMENT DE CÈPES, QUI EST UN PRODUIT DE SAISON DE CHASSE !

ACCORD PARFAIT

Contrairement à d'autres gibiers, notamment terrestres, la palombe offre une viande d'une grande finesse gustative qu'il faudra prendre en compte, tout autant que son accompagnement aux cèpes. Pour ce mets, on choisira un **vin rouge puissant, racé,** avec des tanins souples et polis par la garde en cave. Un **vieux pomerol** sera parfait. Le merlot, au bout d'une dizaine d'années, apportera un vin juteux et gourmand avec des notes de sous-bois qui rehausseront celles des cèpes. Les fins tanins de ce cépage sauront mettre en évidence la finesse de la palombe. Un bel accord !

Il sera bien sûr possible de remplacer le pomerol par un vin plus modeste issu de l'appellation **côtes-de-bourg** ou **castillon-côtes-de-bordeaux.**

EN RÉSUMÉ

- pomerol d'une dizaine d'années
- côtes-de-bourg
- castillon-côtes-de-bordeaux

ACCORDS ORIGINAUX

Pour s'éloigner un peu de l'accord classique, on pourra servir un vin plus confidentiel en jouant sur l'**accord local.** Comme dit précédemment, les palombes sont souvent chassées dans le Sud-Ouest, là où elles passent pour migrer des pays nordiques vers l'Espagne. Je conseillerais par conséquent de servir un vin issu de l'appellation **irouléguy,** l'une des plus petites aires de production de notre pays, située à la frontière entre la France et l'Espagne. Ces vins rouges, issus de cabernet franc et de tannat, sont marqués par des arômes de fruits, d'épices et de fleurs. Au bout de quelques années, les parfums d'humus et de sous-bois feront leur apparition, faisant de notre vin un compagnon parait pour le salmis de palombe.

EN RÉSUMÉ

- irouléguy de quelques années

SANGLIER
SAUCE GRAND VENEUR

LE SANGLIER EST UN GIBIER DE CHASSE, MAIS IL PEUT AUSSI ÊTRE ISSU D'UN ÉLEVAGE AGRICOLE. PLUS IL SERA CONSOMMÉ JEUNE, PLUS SA VIANDE SERA SAVOUREUSE. CELLE DU MARCASSIN SE RÉVÈLE EN EFFET PARTICULIÈREMENT TENDRE. C'EST UNE VIANDE ASSEZ FORTE EN GOÛT QUI NÉCESSITE D'ÊTRE MARINÉE DURANT 24 À 48 HEURES AFIN D'ÊTRE ATTENDRIE ET ADOUCIE. QUANT À LA SAUCE GRAND VENEUR, IL S'AGIT D'UNE PRÉPARATION À BASE DE VIN ROUGE QUI A LA PARTICULARITÉ DE CONTENIR DE LA GELÉE DE FRUITS ROUGES (GROSEILLES, AIRELLES...). CELA LUI CONFÈRE UNE CERTAINE ACIDITÉ QUI PERMETTRA DE LIER PARFAITEMENT LA PUISSANCE DU SANGLIER À L'ONCTUOSITÉ ET LA DOUCEUR DE LA SAUCE.

ACCORD PARFAIT

Certains diront que ce plat est fort en goût, je préfère dire qu'il est « très goûteux », en raison de l'association de la viande et de la sauce. Sur ce mets, il faudra privilégier des vins rouges puissants, avec quelques années de garde. Celles-ci vont permettre au vin de gagner en complexité aromatique avec le développement des arômes tertiaires. De plus, les tanins vont se fondre pour devenir fins et élégants afin de mieux enrober la viande et ne pas sembler astringents au contact de la sauce.

On pourra servir un **hermitage rouge d'une dizaine d'années** dont la syrah se révèlera parfaite sur le plat. Un **crozes-hermitage âgé de cinq à sept ans,** et ayant subi un vieillissement en fût, saura également se marier avec le sanglier.

EN RÉSUMÉ

- hermitage d'une dizaine d'années
- crozes-hermitage de 5 à 7 ans vieilli en fût

ACCORDS ORIGINAUX

Sur un plat à base de sanglier et sauce grand veneur, un **grand vin italien** sera parfait : je pense bien sûr au **barolo.** Véritable star du vignoble d'Italie, ce vin est produit dans le Piémont sur des sols argilo-calcaires à partir du cépage nebbiolo. Trois ans de vieillissement sont nécessaires pour obtenir l'appellation, dont deux ans au moins en barrique. Le barolo offre, après une bonne dizaine d'années, des vins très aromatiques, complexes et d'une finesse incroyable. À tester absolument si l'on est curieux.

Un autre vin d'Italie, de la région des Abruzzes, l'appellation **montepulciano d'abruzzo,** saura être un compagnon idéal pour le sanglier sauce grand veneur. Le montepulciano est l'un des plus beaux cépages autochtones de ce pays. Il donne des vins rouges marqués par les arômes de fruits rouges et d'épices. La bouche est souvent pleine, puissante, et quelques années de cave permettent aux tanins d'être fins et harmonieux.

EN RÉSUMÉ

- barolo (Italie)
- montepulciano d'abruzzo (Italie)

CIVET DE LIÈVRE AUX POIRES ET CACAO AMER

DANS CETTE RECETTE, LE LIÈVRE EST CUISINÉ EN RAGOÛT ET EST DONC MIJOTÉ DANS DU VIN ROUGE, DU COGNAC, DES OIGNONS ET DES CAROTTES. LES POIRES SONT SIMPLEMENT SAUTÉES AU BEURRE ET AJOUTÉES EN FIN DE CUISSON AVEC LE CACAO, QU'IL FAUT IMPÉRATIVEMENT CHOISIR NON SUCRÉ. EN EFFET, ON RECHERCHE ICI L'AMERTUME ET NON LE SUCRE ! LA POIRE AMÈNERA DE LA DOUCEUR ET DU FONDANT, ET LE CACAO PERMETTRA DE DIMINUER LA SENSATION SUCRÉE APPORTÉE PAR LES FRUITS.

ACCORD PARFAIT

Cette recette très savoureuse allie la puissance du lièvre, le côté sucré de la poire et des carottes ainsi que l'amertume apportée par le cacao. On choisira un vin rouge puissant, aux tanins fins, avec toutefois une belle fraîcheur. Un **faugères rouge** aura toutes les caractéristiques pour s'associer avec ce plat. La syrah et le grenache utilisés sur ce vin vont lui apporter ses notes fruitées et épicées tandis que le sol de schiste va lui permettre de garder une belle fraîcheur. Enfin, son élevage en fût va complexifier l'accord, grâce à des notes de torréfactions parfaites.

EN RÉSUMÉ

● faugères

ACCORDS ORIGINAUX

Pour être plus original, on pourra remplacer le faugères par un **vin Californien issu du cépage zinfandel.** Ce cépage, souvent associé à cette région des États-Unis, donne, notamment dans le comté de Sonoma Valley, des vins à la fois sur les fruits noirs et les épices. Les nuits plus fraîches dans cette région permettent au vin de garder un bel équilibre. L'élevage en fût apportera là aussi une complexité aromatique propice à accompagner le civet de lièvre aux poires et cacao amer.

EN RÉSUMÉ

● zinfandel (Californie)

***Attention** toutefois de ne pas choisir une caricature de zinfandel, ultra body-buildée comme les Américains savent parfois en élaborer.*

GIBIERS

Bécasses rôties en cocotte	côte-rôtie / chambertin / pomerol
Cailles aux pruneaux	corbières / haut-médoc / shiraz hunter valley (Australie)
Canard à l'orange	saint-joseph sainte-croix-du-mont / barsac
Canard aux navets	charmes-chambertin / margaux / buzet
Canard laqué	châteauneuf-du-pape / bandol alsace gewurztraminer
Canard au sang	madiran / marsannay / palette
Canette en cocotte	mercurey / aloxe-corton / patrimonio
Confit de canard	cahors / tursan / priorat (Espagne)
Côtelettes de chevreuil	côtes-du-rhône-villages / côtes-du-marmandais / tannat de Florida (Uruguay)
Côtelettes de marcassin à la moutarde	moulin-à-vent / givry premier cru / alsace pinot noir
Faisan à la crème	alsace pinot gris / meursault juliénas
Faisan rôti	bellet / gigondas / saint-émilion grand cru
Gigue de chevreuil	côtes-de-bourg / la-clape / madiran
Magret de canard aux figues	bellet / barbaresco (Italie) banyuls doux
Marcassin aux fruits secs	pic-saint-loup / malbec-mendoza (Argentine) / puisseguin-saint-émilion
Perdrix rôtie et lentilles vertes du Puy	minervois / nuits-saint-georges / pommard
Pigeon en crapaudine	bourgueil / monthélie / malepère
Pigeon ramier à la vichyssoise	cornas / buzet / saint-pourçain

GRANDS PLATS TRADITIONNELS
DE FRANCE ET D'AILLEURS

DANS CETTE CATÉGORIE, NOUS RETROUVERONS DES PLATS TRÈS TRADITIONNELS. IL S'AGIT SOIT DE PLATS RÉGIONAUX TYPIQUES, COMME LA CHOUCROUTE OU LE CASSOULET, SOIT DE PLATS DU QUOTIDIEN COMME LA PIZZA OU ENCORE LES SPAGHETTIS.

IL Y AURA DONC DE MULTIPLES SAVEURS ET DES ACCORDS METS-VINS, TOUS BIEN DIFFÉRENTS.

CASSOULET

VOICI UNE DES RECETTES EMBLÉMATIQUES DE LA FRANCE. SELON CERTAINES SOURCES, LE CASSOULET SERAIT ORIGINAIRE DE CASTELNAUDARY, DANS LE SUD-OUEST ET SERAIT APPARU DURANT LA GUERRE DE CENT ANS. CE DEVAIT ÊTRE ALORS UN PLAT À BASE DE FÈVES ET NON DE HARICOTS BLANCS, PUISQUE CEUX-CI, EN PROVENANCE D'AMÉRIQUE DU SUD, ONT ÉTÉ INTRODUITS SEULEMENT DEUX SIÈCLES PLUS TARD ! IL TIRE SON NOM DU PLAT DANS LEQUEL IL CUIT, « LA CASSOLE ». LE CASSOULET EST EN FAIT UN RAGOÛT DE HARICOTS BLANCS ; CEUX-CI DOIVENT ÊTRE MIJOTÉS TRÈS LONGUEMENT AFIN D'ÊTRE LES PLUS FONDANTS POSSIBLE EN BOUCHE (SECRET DE RÉUSSITE DE LA RECETTE !). ON RAJOUTE À CES LÉGUMES DU CONFIT D'OIE OU DE CANARD, MAIS AUSSI DES SAUCISSES (DE TOULOUSE !) ET D'AUTRES MORCEAUX DE PORC. UN PLAT D'HIVER CONSISTANT ET PLEIN DE VITAMINES !

ACCORD PARFAIT

Pour accompagner ce plat riche et opulent, il est bien entendu très tentant de jouer sur l'accord régional avec des **rouges puissants,** aux tanins imposants. Les vins de **Cahors** issus du cépage malbec, les vins de **Madiran** issus du tannat, ou encore les vins rouges de **Gaillac** se marieront bien avec le cassoulet. On fera toutefois attention de les choisir légèrement évolués de façon à gagner en finesse de tanins. De même, on évitera les cuvées trop marquées par la barrique.

EN RÉSUMÉ

cahors / madiran / gaillac

ACCORDS ORIGINAUX

Il est possible de réaliser un accord somptueux et très surprenant avec un **rosé-des-riceys.** Ce vin rosé, issu de la région champenoise, à la particularité de s'ouvrir avec le temps et d'avoir une belle évolution aromatique après une période **de six à huit ans.** Sa fraîcheur et son côté vineux apporteront de la vivacité sur ce plat riche et enroberont bien le gras. Un accord à essayer en prenant soin de bien choisir la cuvée car il est aussi bluffant que difficile à réaliser.

Et pourquoi pas un vin blanc ? Soyons fous et servons un **vin blanc sec,** riche et opulent pour tenir la comparaison au plat. Choisissons-le avec peu d'acidité. Un accord local avec le petit et gros-manseng nous fera choisir un **pacherenc-du-vic-bilh sec.** On pourra également ouvrir une bouteille de **jurançon sec** pour rester dans le Sud-Ouest. Tradition et originalité pour cet accord très peu utilisé !

EN RÉSUMÉ

- rosé-des-riceys de 6 à 8 ans
- pacherenc-du-vic-bilh sec
- jurançon sec

CUISSES DE GRENOUILLES

VOICI LÀ ENCORE UN PLAT TYPIQUEMENT FRANÇAIS, BIEN QUE L'ON EN CONSOMME UN PEU EN ALLEMAGNE ET EN SUISSE. LA RECETTE LA PLUS CONNUE POUR CONSOMMER CE METS RESTE ÉVIDEMMENT CELLE DE LA PERSILLADE : FARINÉES, LES CUISSES DE GRENOUILLES SONT CUITES À LA POÊLE AVEC DU BEURRE, DE L'AIL ET DU PERSIL. ON LES CONSOMME EN ENTRÉE OU EN PLAT PRINCIPAL, MAIS TOUJOURS DE LA MÊME FAÇON : AVEC LES DOIGTS !

Pour les personnes *qui n'aimeraient pas le vin blanc, on choisira un vin rouge léger, aux tanins fins et élégants, avec beaucoup de fruits. Il devra posséder une belle trame acide pour apporter de la vivacité en bouche. Un* ***bourgogne-hautes-côtes-de-nuits,*** *même légèrement boisé, sera un parfait compagnon sur les grenouilles.*

ACCORD PARFAIT

La viande en elle-même est plutôt fade et l'accompagnement sera réalisé en tenant compte de la persillade. On devra choisir un vin avec une belle trame acide. Bien entendu, un vin blanc de Bourgogne 100 % chardonnay, comme un **meursault** ou un **montagny,** sera idéal. On peut choisir un vin avec un léger élevage en fût de chêne. Le but de l'accord va être ici d'allier la rondeur et l'acidité du vin avec l'ail et le persil. Comme déjà vu sur les escargots persillés, un **bourgogne-aligoté** pourra aussi tenir ce rôle.

EN RÉSUMÉ

- meursault / montagny / bourgogne-aligoté

ACCORDS ORIGINAUX

Tout comme les escargots de Bourgogne présentés dans le chapitre « Entrées » ; un **chignin-bergeron de Savoie,** à base de roussanne, ou un **coteaux-champenois blanc** feront très bien l'affaire. La souplesse du milieu de bouche, l'acidité finale et les notes toastées dues à l'élevage en fût se marieront très bien avec les cuisses de grenouilles.

EN RÉSUMÉ

- vin-de-savoie-chignin-bergeron / coteaux-champenois
- bourgogne-hautes-côtes-de-nuits

HACHIS PARMENTIER

CE PLAT DOIT SON NOM À ANTOINE PARMENTIER, QUI POPULARISA LA POMME DE TERRE SOUS LOUIS XVI, ET PERMIT AINSI À LA FRANCE DE SORTIR DE LA FAMINE. LE HACHIS PARMENTIER EST CONSTITUÉ D'UNE COUCHE DE PURÉE DE POMME DE TERRE SOUS LAQUELLE ON MET TRADITIONNELLEMENT DU BŒUF CUIT HACHÉ, ADDITIONNÉ D'OIGNONS ET D'ŒUFS. ON PEUT VARIER LES PLAISIRS EN REMPLAÇANT LE BŒUF PAR DU CANARD, OU PAR N'IMPORTE QUELLE AUTRE VIANDE : UN BON MOYEN DE « RECYCLER » LES RESTES D'UN REPAS !

ACCORD PARFAIT

Pour accompagner ce plat simple et goûteux, il nous faudra un vin rouge facile à boire, plein de fruits, frais et gouleyant. Un **gamay** du **Beaujolais** ou de **Touraine** tiendra ce rôle à la perfection. Il va remettre les papilles à flot et amener de la gourmandise. Si l'on est fâché avec ce cépage, il sera possible de servir un **côtes-du-jura rouge,** vin à base de poulsard et de trousseau. Sa richesse en fruits et son acidité se satisferont pleinement du hachis parmentier.

EN RÉSUMÉ

- touraine (gamay)
- beaujolais (gamay)
- côtes-du-jura (poulsard et trousseau)

ACCORDS ORIGINAUX

Quand on cherche un vin de casse-croûte, à la fois agréable et gourmand, il est possible de servir un **bardolino.** Ce vin italien apportera du fruit, de la finesse et une belle et longue finale sur la fraîcheur. Un test qui se révélera concluant pour les plus curieux. Si le hachis parmentier est à base de canard et non de bœuf, on pourra faire un petit clin d'œil régional en servant un vin du Sud-Ouest dans l'appellation **fronton.**

EN RÉSUMÉ

- bardolino (Italie)

Sur un hachis parmentier au canard :

- fronton

CHOUCROUTE

LA CHOUCROUTE EST LE PLAT EMBLÉMATIQUE DE L'ALSACE. IL S'AGIT, EN FAIT DE CHOU « CABUS » FERMENTÉ, MIS EN SAUMURE, PUIS CUIT AFIN DE RETIRER UNE PARTIE DE SON ACIDITÉ. ON L'AGRÉMENTE ENSUITE DE CHARCUTERIE (SAUCISSES DE FRANCFORT, SAUCISSES DE STRASBOURG, SAUCISSES DE MONTBÉLIARD), DE CERTAINS MORCEAUX DE PORC COMME LE JARRET, AINSI QUE DE POMMES DE TERRE. ON OBTIENT AINSI UN PLAT FAMILIAL ASSEZ CONSISTANT, QUE L'ON AIME GÉNÉRALEMENT MANGER EN HIVER.

ACCORD PARFAIT

Sur ce plat assez riche, on va servir un vin blanc pour nettoyer la bouche mais aussi pour lutter contre l'acidité du chou. Cette acidité interdit le service de la plupart des vins rouges car elle ferait ressortir l'amertume des tanins. Bien entendu, l'**accord régional** est parfait puisqu'un **riesling sec** est le compagnon idéal de la choucroute. Non seulement ses arômes ne viendront pas perturber le fumé de la charcuterie, mais son acidité augmentera la persistance aromatique du plat. Un **sylvaner** ou un **pinot blanc** de la même région conviendront également très bien.

EN RÉSUMÉ

- alsace riesling
- alsace sylvaner
- alsace pinot blanc

Attention, *à prendre la précaution de choisir un vin sans trop de sucre résiduel afin que celui-ci ne rompe pas l'accord avec l'acidité du mets.*

ACCORDS ORIGINAUX

L'Alsace est réputée pour ses cigognes, sa choucroute, ses vins blancs mais aussi pour sa culture de la bièrc. Quoi de plus normal alors que d'accorder ce plat avec une bière ? Sa fraîcheur et son amertume sauront faire face aux saveurs fumées de la charcuterie et à l'acidité du chou. On choisira de préférence une **bière blonde allemande ou encore belge,** et plus précisément une **pilsner un peu houblonnée.** Un vrai délice !

Pour ceux qui veulent rester sur un vin blanc sec, en privilégiant toutefois l'original par rapport au classique vin d'Alsace, on pourra traverser la frontière et servir un magnifique **riesling allemand** sec de la région de Moselle Sarre ou encore du Rheingau. Ces deux régions proposent de très belles cuvées de riesling, sans sucre résiduel, bien équilibrées et tout en fraîcheur. Idéal sur notre plat de choucroute.

EN RÉSUMÉ

- pilsner un peu houblonnée
- riesling allemand
(Moselle Sarre ou Rheingau)

FONDUE BOURGUIGNONNE

CONTRAIREMENT À CE QUE L'ON POURRAIT PENSER, CE PLAT EST D'ORIGINE SUISSE. SON NOM FAIT RÉFÉRENCE D'UNE PART À LA FONDUE AUX FROMAGES (SPÉCIALITÉ DE CE PAYS QUI CUIT AUSSI DANS UN CAQUELON) ET D'AUTRE PART À LA VIANDE CHAROLAISE UTILISÉE À L'ORIGINE, ET VENANT DE BOURGOGNE. LE PRINCIPE EST DONC DE CUIRE DE LA VIANDE DE BŒUF COUPÉE EN MORCEAUX DANS DE L'HUILE BOUILLANTE. ON ACCOMPAGNE CETTE VIANDE DE DIFFÉRENTES SAUCES COMME LA BÉARNAISE, LA BOURGUIGNONNE... CE QUI EN FAIT UN PLAT POUVANT SE DÉCLINER À L'INFINI !

ACCORD PARFAIT

Les deux contraintes principales pour réussir cet accord seront la cuisson dans l'huile, qui représente un apport de gras important, et les nombreuses sauces, à la fois aromatiquement variées et très riches. Il faudra privilégier des vins très frais, faciles à boire, qui auront la capacité de nettoyer la bouche. On choisira un vin rouge léger et gouleyant comme un **gamay,** que l'on pourra choisir en **Touraine,** en **Côte roannaise** et bien entendu dans le **Beaujolais.** On favorisera ici une cuvée simple plutôt qu'un des crus.

EN RÉSUMÉ

● touraine (gamay) / côte-roannaise (gamay) / beaujolais (gamay)

ACCORDS ORIGINAUX

Comme expliqué précédemment, le vin doit avoir ici la fonction principale de nettoyer les papilles afin d'apprécier au mieux le plat sur sa longueur. L'acidité d'un vin blanc peut donc aussi être une solution même si la coutume veut que l'on serve un vin rouge. On prendra soin de le choisir peu aromatique, de belle acidité, et sans élevage en barrique. Un **pouilly-sur-loire** issu de chasselas saura tenir ce rôle.

Pour les plus curieux d'entre vous, il sera possible de servir un vin effervescent. En effet, un **crémant-de-bourgogne,** ou un **crémant-de-loire** pourront parfaitement se marier à la fondue. La vivacité de sa bulle ainsi que son acidité vont admirablement contraster avec les sauces et la viande. Il faudra en revanche prendre soin de choisir un **crémant très peu dosé.** La présence de sucre résiduel ferait complètement rater cet accord original.

EN RÉSUMÉ

- ○ pouilly-sur-loire
- △ crémant-de-bourgogne peu dosé
- △ crémant-de-loire peu dosé

Astuce

Les verres disposés à proximité du « caquelon » auront tendance à être chauds durant le repas. Servez le vin à 12°C, soit un peu plus frais que d'ordinaire. Servez des petites doses mais de manière plus régulière afin d'éviter qu'il n'ait le temps de se réchauffer dans le verre.

PAËLLA

LA PAËLLA ORIGINELLE S'APPELLE LA « PAËLLA VALENCIANA ». C'EST UN PLAT ESPAGNOL QUI TIRE SON NOM DE LA POÊLE QUI SERT À LA CUISINER. À BASE DE RIZ ROND SAFRANÉ, LA RECETTE TRADITIONNELLE EST ÉGALEMENT CONSTITUÉE DE VOLAILLE, DE MOULES, DE CALAMARS ET DE LANGOUSTINES. EN LÉGUMES, ON RETROUVE DES POIVRONS, DES TOMATES ET ÉVENTUELLEMENT DES PETITS POIS. EMBLÈME DE L'ESPAGNE, LA PAËLLA EST AUJOURD'HUI CUISINÉE DANS DE NOMBREUX PAYS NOTAMMENT GRÂCE À LA FACILITÉ À TROUVER SES INGRÉDIENTS.

ACCORD PARFAIT

Pour accorder un vin à la paëlla, on va tenir compte essentiellement du poisson et du safran. Un vin blanc sec sera privilégié, de façon à ne pas surcharger ce plat déjà riche et savoureux. Un **côtes-de-provence blanc** se mariera très bien avec sa fraîcheur et ses notes anisées. On prendra soin de choisir une **cuvée non élevée en fût.** Un **rosé de cette région** ira également très bien et ses notes fruitées légères et son acidité compléteront le plat. Un **rosé des Côtes catalanes** sera aussi un bon accord.

EN RÉSUMÉ

- côtes-de-provence non élevé en fût
- côtes-de-provence
- côtes-catalanes

ACCORDS ORIGINAUX

Si l'on veut jouer le rappel historique et régional de la recette originelle, on pourra servir un **vin rouge espagnol,** de la région de Valence, sur l'appellation **jumilla.** Avec cet accord, on sera moins sur l'équilibre et davantage sur le ton sur ton, avec un vin très aromatique possédant de belles notes épicées. Elles seront au diapason des saveurs safranées. On prendra soin de le servir à 14-16 °C de façon apporter un peu plus de fraîcheur en bouche.

EN RÉSUMÉ

- jumilla (Espagne)

Sur une paëlla sans poissons :

- côtes-du-rhône méridional

*On voit apparaître de plus en plus de paëlla avec très peu, voire pas du tout de poissons : le riz safrané et légumes sont conservés tandis que la viande remplace les moules et calamars. Dans cette configuration on pourra alors servir un **côtes-du-rhône méridional** à base de grenache. Les notes de fruits mûrs et d'épices présentes dans le vin se feront l'écho du plat pour une bouche savoureuse.*

RACLETTE

VOICI UN PLAT PUREMENT HIVERNAL QUE L'ON AIME DÉGUSTER EN FAMILLE OU ENTRE AMIS POUR SON CÔTÉ CONVIVIAL. D'ORIGINE SUISSE, LA RACLETTE SE COMPOSE TRADITIONNELLEMENT DE FROMAGE, QUI PORTE CE MÊME NOM, D'UN PLATEAU DE CHARCUTERIE ET DE POMMES DE TERRE. ON PEUT AUSSI VARIER LES PLAISIRS EN PROPOSANT DIFFÉRENTES SORTES DE FROMAGES (MORBIER, SAINT-NECTAIRE…) ET EN DIVERSIFIANT LES ACCOMPAGNEMENTS (CHAMPIGNONS, POIVRONS…).

ACCORD PARFAIT

Sur ce plat à la fois riche et gras en raison de l'accumulation des charcuteries et des fromages fondus, l'essentiel sera d'apporter de la fraîcheur avec notre boisson. On pense bien entendu à l'accord local en souvenir de séjours au ski. Les **blancs de Savoie,** abymes, chignin ou encore apremont, ont la capacité de régénérer les papilles grâce à leur acidité. Comme pour la fondue, on les servira frais car les verres auront tendance à être réchauffés par l'appareil à raclette.

Pour ceux qui ne jurent que par le vin rouge, on choisira un vin très léger qui n'aura pas été élevé en fût, comme un **gamay du Mâconnais.**

EN RÉSUMÉ

- vin-de-savoie (abymes, chignin ou apremont)
- mâcon (gamay)

ACCORDS ORIGINAUX

Si l'on veut rester sur un vin blanc sec, tendu et minéral, sans pour autant servir un vin de Savoie, il est possible d'ouvrir un vin du nord de la Bourgogne. Et je pense particulièrement à un **petit-chablis.** Les arômes du chardonnay, associés à ceux de ce terroir si particulier, sauront parfaitement jouer le rôle sur la raclette.

Pour sortir complètement des sentiers battus, pourquoi ne pas servir une **eau-de-vie de Kirsch,** très fraîche ? Dans de nombreuses recettes, on verse un peu de cet alcool dans le vin blanc pour faire fondre le fromage. Son parfum offre un accord très intéressant avec les saveurs de la recette. La douceur de l'eau-de-vie et sa température de service, environ 3 ou 4 °C, apporteront la fraîcheur nécessaire au nettoyage des papilles. Un accord qui détonnera mais qu'il faut absolument essayer une fois !

EN RÉSUMÉ

- petit-chablis
- eau-de-vie de kirsch très fraîche

PIZZA

LA PIZZA EST UNE SORTE DE TARTE SALÉE, À BASE DE PÂTE À PAIN. CELLE-CI EST ÉTALÉE ET RECOUVERTE DE SAUCE TOMATE, SUR LAQUELLE ON RAJOUTE DES INGRÉDIENTS DIVERS ET VARIÉS (VIANDE, CHARCUTERIE, POISSON, LÉGUMES, FROMAGES, CONDIMENTS...). GRÂCE CETTE DIVERSITÉ DE CHOIX POUR LA GARNITURE, CE PLAT A SU S'EXPORTER DANS LE MONDE ENTIER, ET C'EST AUJOURD'HUI UN DES METS LES PLUS CONSOMMÉS AU MONDE. EN FRANCE, LA RECETTE BASIQUE EST COMPOSÉE DE SAUCE TOMATE ET DE FROMAGE RÂPÉ, AUXQUELS ON PEUT AJOUTER DU JAMBON BLANC ET DES CHAMPIGNONS ; ON PASSE AINSI DE LA PIZZA « MARGHERITA » À LA PIZZA « REGINA » (OU REINE OU ENCORE ROYALE) !

ACCORD PARFAIT

La pizza est un plat de copains, simple et facile à manger. Pour l'accompagner, on choisira un vin dans le même esprit, c'est-à-dire simple, facile à boire et sans « chichi ». Un **côtes-du-rhône rouge,** fruité et légèrement épicé, de préférence **non passé en fût,** sera parfait. Les **vins à base de gamay ou de cinsault** sauront aussi tenir leur rang. Bien entendu, un rosé gourmand et légèrement structuré fera également l'affaire. On pourra le choisir issu des cépages syrah et grenache dans la vallée du Rhône.

EN RÉSUMÉ

- côtes-du-rhône non passé en fût
- vin à base de gamay ou cinsault
- vin rosé de la vallée du Rhône

ACCORDS ORIGINAUX

En raison de son succès planétaire, la pizza a vu ses déclinaisons se multiplier, la sauce tomate étant parfois notamment remplacée par une base crème. On choisira alors de servir un vin blanc sec, aromatique et qui n'aura pas été élevé en barrique, issu du cépage **chardonnay** ou **sauvignon** (à condition d'éviter un vin trop acide). Si vous voulez étonner, servez un **champagne blanc de blancs** : surprise assurée ! Sur une pizza aux fruits de mer, choisissez un blanc sec, tendu et vif, comme un **muscadet** ou un **picpoul-de-pinet.**

EN RÉSUMÉ

Sur une pizza à base de crème :

- vin à base de chardonnay ou sauvignon non élevé en barrique
- champagne blanc de blancs

Sur une pizza aux fruits de mer :

- muscadet / picpoul-de-pinet

SPAGHETTIS À LA BOLOGNAISE

CE PLAT TIRE SON NOM TOUT D'ABORD DE LA SAUCE BOLOGNAISE QUI LE COMPOSE, ORIGINAIRE DE LA RÉGION DE BOLOGNE EN ITALIE. AUJOURD'HUI, CETTE SAUCE EST SOUVENT SERVIE EN ACCOMPAGNEMENT DE PÂTES « SPAGHETTIS ». ELLE SE COMPOSE D'UN COULIS DE TOMATES AGRÉMENTÉ D'OIGNONS ET DE VIANDE DE BŒUF. UN PLAT DE RÉSISTANCE QUI ALLIE VIANDE ET LÉGUMES, ET DONT LES TEXTURES SONT VARIÉES, ENTRE LE FONDANT DES PÂTES, LA SAUCE SAVOUREUSE ET LE BŒUF, PLUS CONSISTANT.

ACCORD PARFAIT

L'accord se fera ici bien évidemment par rapport à la sauce puisque les pâtes ont une saveur assez neutre. On servira un vin rouge fruité, pas trop tannique, et avec quelques parfums épicés. On pourra choisir un vin de la vallée du Rhône méridionale avec un **rasteau** ou un **cairanne.** Sur ce terroir, la syrah et le grenache apporteront des saveurs venues du Sud qui se marieront à la perfection avec celles de la sauce bolognaise. Les vins rouges de **Collioure** offriront également cette puissance tout en gardant des tanins fins.

EN RÉSUMÉ

- rasteau / cairanne / collioure

ACCORDS ORIGINAUX

Bien évidemment, il est également possible de servir un vin rosé sur des spaghettis à la bolognaise, mais il faudra qu'il soit riche et puissant. Un **bandol** aura ainsi cette capacité à tenir tête à la tomate et aux oignons. Pour servir un vin du pays dont est originaire la sauce, il sera possible d'ouvrir une bouteille de **chianti** en veillant à ce qu'il soit assez jeune, de façon à savourer pleinement son fruit.

EN RÉSUMÉ

- bandol
- chianti (Italie)

TAGLIATELLES À LA CARBONARA

LES PASTA ALLA CARBONARA EST UN PLAT ORIGINAIRE D'ITALIE DONT LE NOM POURRAIT ÊTRE TRADUIT LITTÉRALEMENT PAR « PÂTES À LA CHARBONNIÈRE ». POUR CETTE RECETTE, ON UTILISE GÉNÉRALEMENT DES PÂTES LONGUES ET FINES, QUE L'ON APPELLE TAGLIATELLES. CE PLAT CONTIENT TRADITIONNELLEMENT DES ŒUFS (OU DU JAUNE D'ŒUF), DES LARDONS ET DU PECORINO ROMANO (FROMAGE DE BREBIS SEC). MAIS DE NOMBREUSES VARIANTES, NOTAMMENT EN FRANCE, PRÉCONISENT L'INCORPORATION DE CRÈME FRAÎCHE. ON REMPLACE ÉGALEMENT ASSEZ SOUVENT LE FROMAGE DE BREBIS PAR DU PARMIGIANO REGGIANO, AUTREMENT DIT DU PARMESAN. VOICI UN PLAT SIMPLE ET FAMILIAL, ACCESSIBLE À TOUS LES BUDGETS ET QUE L'ON DÉGUSTE EN TOUTE SAISON !

ACCORD PARFAIT

L'accord se fera encore uniquement en fonction de la sauce carbonara. On choisira un vin blanc sec, doté d'une belle acidité, et qui n'aura pas été élevé en fût. Il ne faudra pas surcharger l'aromatique déjà riche, et amener de la fraîcheur pour lutter contre le « gras » de ce plat. Un **chardonnay du Mâconnais** saura parfaitement s'adapter aux contraintes de ce mets. Il sera également possible de servir un chenin sec de Loire sur l'appellation **montlouis** ou **vouvray.** Fruité et fraîcheur caractérisent bien ces vins.

EN RÉSUMÉ

- mâcon (chardonnay) / montlouis / vouvray

ACCORDS ORIGINAUX

Pour accommoder ce plat aux origines italiennes, il est possible de s'amuser avec un vin blanc italien. On le choisira avec les mêmes caractéristiques que celles définies précédemment, c'est-à-dire pas trop aromatique et avec une belle vivacité. Mon choix se portera sur un **trebbiano d'abruzzo.** Ce vin blanc de la région Centre-Méridionale, à l'est de Rome, offrira toutes les garanties pour accompagner les tagliatelles à la carbonara.

EN RÉSUMÉ

- trebbiano d'abruzzo (Italie)

AUTRES ACCORDS

GRANDS PLATS TRADITIONNELS DE FRANCE ET D'AILLEURS

Baeckeoffe (Alsace-Lorraine)	alsace riesling / chablis / saint-pourçain
Bœuf bourguignon	chassagne-montrachet / pomerol / pinot noir (Orégon, USA)
Chili con carne	irouléguy / valpolicella (Italie) patrimonio
Chop suey	languedoc-la-clape / minervois / crozes-hermitage
Chou braisé à l'auvergnate	irancy / côtes-d'auvergne / bourgogne-hautes-côtes-de-nuits
Croque-monsieur	beaujolais-villages / orléans-cléry / bardolino (Italie)
Fajitas	tavel fronton / priorat (Espagne)
Foie gras poêlé	crémant d'alsace bonnezeaux madiran
Fondue savoyarde	alsace riesling / vin-de-savoie-apremont / roussette-de-savoie
Moules-frites	saumur / fiefs-vendéens bière blonde
Moussaka	collioure / côtes-de-provence tavel
Œufs en meurette	coteaux-du-lyonnais / beaujolais-villages / côtes-du-forez
Omelette aux champignons	crus du beaujolais / bourgogne-passetoutgrain saint-joseph
Osso-buco	faugères / barbera (Italie) / corbières
Palette à la diable	lirac / crozes-hermitage / saint-romain
Parmentier de choux de Bruxelles au cantal	sancerre / cheverny / marcillac
Pot-au-feu	irancy / côtes-d'auvergne / bourgogne-hautes-côtes-de-nuits
Potée bourguignonne	hautes-côtes-de-nuits / saint-nicolas-de-bourgueil / régnié
Poule au pot	mercurey / chassagne-montrachet / alsace riesling grand cru
Riz cantonais	côtes-de-provence / saint-joseph / chablis
Tartiflette	vin-de-savoie-apremont / roussette-de-savoie / chasselas-du-valais (Suisse)
Tortillas au chorizo	languedoc / ventoux / penedès (Espagne)
Truffade	côtes-d'auvergne / saint-pourçain / chablis

SAUCES

IL Y A QUELQUES ANNÉES, DANS TOUS LES RESTAURANTS GASTRONOMIQUES, SE CACHAIT UN GRAND SAUCIER. LES SAUCES ÉTAIENT LES COMPAGNES DES POISSONS, DES VIANDES ET DE TOUS LES PLATS MIJOTÉS. MÊME SI ELLES TENDENT À DISPARAÎTRE AU PROFIT D'AUTRES MODES CULINAIRES, LEUR PRÉSENCE EST ENCORE IMPORTANTE ET, POUR RÉALISER UN BEL ACCORD METS-VINS, IL EST ESSENTIEL D'EN TENIR COMPTE. SAVEURS, PARFUMS, CONSISTANCES, TEXTURES, SUCRÉES OU SALÉES, TOUT SERA IMPORTANT.

SAUCES

Aigre-douce	banyuls côtes-du-roussillon-villages / costières-de-nîmes
Aïoli	saint-joseph / vin-de-corse-figari baux-de-provence côtes-de-roussillon
Béarnaise	reuilly côtes-de-beaune / chinon / crozes-hermitage
Béchamel	pouilly-fuissé / montagny / alsace pinot blanc
Beurre blanc	pouilly-loché / saint-aubin champagne brut
Bisque de homard	chablis / condrieu bandol
Blanche	corbières / saint-véran / pessac-léognan
Bolognaise	côtes-de-provence côtes-du-rhône-villages-chusclan / cairanne / sangiovese (Italie)
Bourguignonne	mâcon-serrières / côtes-d'auvergne-boudes / bardolino (Italie)
Carbonara	mercurey / saumur / vouvray / jurançon sec
Champignons	morgon / saint-émilion 10-12 ans d'âge / castillon-côtes-de-bordeaux
Chien	rhum blanc alsace riesling / meursault
Curry	jurançon moelleux / jasnières sec-tendre languedoc
Échalotes	vin-de-corse-ajaccio / minervois / crozes-hermitage
Gribiche	coteaux-champenois / saint-pourçain anjou
Guacamole	bordeaux sec / ventoux / côtes-de-gascogne sec
Hollandaise	chassagne-montrachet / pouilly-fuissé / chardonnay Afrique du Sud
Ketchup	beaujolais / pinot noir de Nouvelle-Zélande IGP d'Oc rosé
Madère	châteauneuf-du-pape / terrasses-du-larzac / fleurie
Mayonnaise	alsace edelzwicker / anjou sec / pouilly-fumé
Moutarde	saint-péray / lirac beaujolais / pinotage Afrique du Sud
Oxford ou Cumberland	champagne brut sans année puligny-montrachet / saint-péray gigondas
Périgueux	cornas / hermitage / margaux / pomerol 10-12 ans d'âge

Pesto	○ côtes-de-provence / marsannay ○ tavel
Pistou	○ cassis / cour-cherverny / bellet
Poivre vert	○ faugères ○ faugères / saint-joseph / saumur-champigny
Ravigote	○ beaujolais ○ côtes-d'auvergne-corent ○ languedoc-picpoul-de-pinet
Rémoulade	○ quincy / alsace sylvaner / vin-de-savoie-crépy
Romesco	○ priorat (Espagne) / faugères ○ tavel / côtes-du-roussillon
Roquefort	○ chassagne-montrachet △ champagne blanc de noirs ○ tannat (Urgugay) / côtes-du-rhône léger
Tartare	○ graves / menetou-salon / alsace riesling
Tomate	○ côtes-de-provence / fitou / rasteau / nero d'avola (Italie)
Vinaigrette	○ alsace sylvaner / gros-plant-du-pays-nantais / albariño (Espagne)
Worcestershire	○ cadillac-côtes-de-bordeaux / corbières

FROMAGES

PRODUIT À PARTIR DE LAIT DE VACHE, DE BREBIS OU DE CHÈVRE, PROVENANT DE NOMBREUSES RÉGIONS, SOUS FORME DE PÂTE CRUE, MOLLE OU ENCORE PERSILLÉE, LA DIVERSITÉ DES FROMAGES EST IMMENSE PUISQU'IL EN EXISTE PLUSIEURS CENTAINES DANS LE MONDE, DONT ENVIRON TROIS CENTS EN FRANCE. UNE CHOSE EST SÛRE, LES FRANÇAIS SONT DES INCONDITIONNELS DE CE PRODUIT CAR IL S'EN CONSOMME 26,7 KG PAR AN ET PAR HABITANT SUR NOTRE TERRITOIRE. CETTE MULTIPLICITÉ OFFRE UNE POSSIBILITÉ D'ACCORDS INNOMBRABLES !

VOICI, EN RÉSUMÉ, UNE CLASSIFICATION DES FROMAGES EN FRANCE :

- FROMAGES FRAIS : CHÈVRE FRAIS, BROCCIU, CHAROLAIS...
- PÂTES MOLLES À CROÛTE FLEURIE : BRIE DE MEAUX, CAMEMBERT, CHAOURCE...
- PÂTES MOLLES À CROÛTE LAVÉE : ÉPOISSES, MUNSTER, LIVAROT, FILLETA CORSE...
- PÂTES PERSILLÉES : BLEU D'AUVERGNE, BLEU DE GEX, FOURME D'AMBERT, ROQUEFORT...
- PÂTES PRESSÉES CUITES : ABONDANCE, BEAUFORT, COMTÉ, GOUDA, PARMESAN...
- PÂTES PRESSÉES NON CUITES : CANTAL, MORBIER, SAINT-NECTAIRE, OSSAU-IRATY, RACLETTE...

ABONDANCE

CE FROMAGE AU LAIT CRU ET ENTIER DE VACHE, PRODUIT AU NORD DE LA HAUTE-SAVOIE, EST AFFINÉ UNE CENTAINE DE JOURS POUR OBTENIR SON GOÛT REMARQUABLE. SA PÂTE EST SOUPLE ET FONDANTE, SES ARÔMES SONT À LA FOIS FLORAUX ET FRUITÉS, AVEC DES NOTES DÉLICATES DE NOISETTES.

ACCORD PARFAIT

Pour accompagner ce délicieux fromage de montagne, un accord régional avec un **vin blanc de Seyssel** est parfait. Les cépages altesse, ou molette donneront ici des arômes floraux et fruités (pêche et abricot) qui se marieront bien avec ceux de l'abondance. La finale fraîche et très aromatique va permettre ici de prolonger les saveurs sans pour autant abîmer la souplesse de la pâte de ce fromage.

EN RÉSUMÉ

- seyssel

ACCORDS ORIGINAUX

Pour ceux qui ne craignent pas le goût de « jaune » typique des vins de voile, il sera possible de servir avec l'abondance un **vin du Jura non ouillé.** Un vin de voile issu de la région de **Gaillac** saura aussi parfaitement tenir son rôle. Il est à noter que plus le fromage sera affiné longtemps, plus l'accord se révélera somptueux. On pourra alors servir un **vin jaune** ou un **château-chalon.** Sur des fromages plus jeunes, on favorisera des vins non ouillés plus fruités, de type **arbois,** dont l'élevage sous bois est plus court.

EN RÉSUMÉ

- vin du Jura non ouillé / gaillac

Sur un fromage affiné :

- vin jaune / château-chalon

Sur un fromage jeune :

- arbois

BRIE

IL N'EXISTE PAS UN, MAIS BIEN PLUSIEURS BRIES, FROMAGES À PÂTE MOLLE ET CROÛTE FLEURIE, ISSUS DE LAIT DE VACHE, TOUS PRODUITS DANS LA RÉGION DE LA BRIE QUI LEUR DONNE LEUR NOM. LES PLUS CONNUS SONT LES DEUX AOP BRIE DE MELUN ET BRIE DE MAUX.

ACCORD PARFAIT

Pour accompagner ce fromage, on servira un vin rouge possédant un peu d'acidité. Les **vins du Beaujolais** s'associent de manière traditionnelle très bien aux différents bries. Leur fruité et leur fraîcheur mettent en valeur le fondant du fromage sans masquer ses parfums. On pourra également servir un gamay produit en **Côte roannaise** ou en **Côtes du Forez.** On le choisira plutôt jeune, sur le fruit et sans élevage en barrique.

EN RÉSUMÉ

● beaujolais / côte-roannaise (gamay) jeune, sur le fruit et sans élevage en barrique / côtes-du-forez (gamay) jeune, sur le fruit et sans élevage en barrique

ACCORDS ORIGINAUX

Si on ne veut pas servir un vin classique, il sera possible de surprendre ses convives en leur servant un vin effervescent, et tout particulièrement un **crémant-de-loire.** Là aussi, on jouera sur l'acidité, en apportant en plus une bulle fine, qui s'accommodera parfaitement avec les saveurs et le fondant du brie. Les arômes de fruits seront au service du fromage et offriront un accord complémentaire très intéressant.

EN RÉSUMÉ

△ crémant-de-loire

CAMEMBERT

LE CAMEMBERT EST UN FROMAGE À PÂTE MOLLE ET CROÛTE FLEURIE. TOUT COMME LA BAGUETTE ET LE BÉRET, IL EST DEVENU L'EMBLÈME DE LA FRANCE. NON PROTÉGÉ, LE TERME « CAMEMBERT » DÉSIGNE UN GRAND NOMBRE DE FROMAGES. IL EXISTE TOUTEFOIS UNE AOP DEPUIS 1983, « CAMEMBERT DE NORMANDIE », QUI RÉPOND À DES CRITÈRES TRÈS STRICTS : LAIT CRU DE VACHES NORMANDES, MOULAGE À LA LOUCHE...

ACCORD PARFAIT

Pour accompagner ce fromage, on évitera les vins rouges, car les tanins vont en faire ressortir l'amertume. Sur un camembert assez fin, on servira un vin blanc sec à base de chenin. Un **montlouis** sera idéal. Autrement, on peut jouer l'accord régional, sans servir de vin mais en optant pour un **cidre brut.** Un camembert de Normandie et un cidre de cette même région se marieront à merveille ! Les parfums de pomme et les saveurs du fromage entreront en osmose, le gras sera équilibré par la vivacité de la bulle... un mariage à essayer, car bluffant ! Attention toutefois à choisir un cidre brut de qualité, bien équilibré et doté d'une belle finesse de bulle.

Enfin, pour ceux qui ne dérogent pas au vin rouge, il faudra privilégier un vin gouleyant et fruité, comme un **gamay de Touraine,** qui n'apportera pas trop de structure tannique.

EN RÉSUMÉ

- montlouis
- cidre brut de qualité
- touraine (gamay)

ACCORDS ORIGINAUX

Puisque nous sommes proches de la fin du repas, pourquoi ne pas trancher en servant une liqueur sur le camembert : **l'absinthe.** Cette liqueur de plantes offrira des arômes floraux et végétaux qui se mêleront bien à ceux de ce fromage. Sa douceur s'alliera au gras du fromage tout en domptant sa légère amertume. Cet accord, qui semble à priori un peu fou, ravira les plus curieux qui tenteront l'expérience.

EN RÉSUMÉ

- absinthe

À savoir

L'absinthe se déguste avec de l'eau fraîche versée lentement afin de ne pas créer un choc thermique qui endommagerait les saveurs liées aux nombreuses plantes utilisées. On pourra la préférer avec ou sans sucre.

COMTÉ

CE FROMAGE AU LAIT DE VACHE À PÂTE PRESSÉE CUITE EST PRODUIT PRINCIPALEMENT EN FRANCHE-COMTÉ. IL EST MARQUÉ PAR DES SAVEURS INTENSES ET DOUCES, TRÈS FRUITÉES, ET EST DOTÉ UNE LÉGÈRE AMERTUME EN FINALE.

À savoir

Les vins jaunes et château-chalon sont issus d'une production bien particulière située dans le Jura. Après une vinification traditionnelle, les vins sont mis en fût durant six ans et trois mois, sans ouillage ni soutirage. C'est-à-dire que les tonneaux ne sont pas remplis au fur et à mesure que le vin s'évapore, et, au contact de l'air, un voile de levure va se former pour « protéger » le vin. C'est pour cela que l'on nomme ces productions « vin de voile » ! Élevés en milieu « oxydatif », ils ont des potentiels de garde de plusieurs dizaines d'années. Durant ces soixante-quinze mois d'élevage en fût, le vin s'évapore et le bois du fût en absorbe lui aussi une partie. Si on a 100 litres au départ, il ne restera que 62 litres à l'issue du vieillissement. On aura donc perdu 38 litres. C'est pourquoi, aujourd'hui encore, on trouve ces vins dans des bouteilles de 62 cl. Celles-ci se nomment « clavelin » et ont une forme bien spécifique.

ACCORD PARFAIT

Pour son accompagnement, l'accord régional est sublime. C'est l'occasion de servir un **vin jaune du Jura,** voire un **château-chalon.** Ce vin de voile d'exception sera un partenaire sans égal. Les notes de fruits secs du vin répondront à celles, identiques, du comté, surtout si ce dernier a été affiné quelques mois. La texture du comté et la vivacité du cépage savagnin non ouillé se marieront parfaitement.

EN RÉSUMÉ

- vin jaune du Jura
- château-chalon

ACCORDS ORIGINAUX

Sur un comté d'intensité modérée, aux notes fruitées et céréalières, osez servir une **liqueur de gentiane.** La texture du fromage deviendra douce à son contact. Les notes aromatiques plutôt terreuses de la gentiane et celles du comté se complèteront à merveille. Amertume et douceur se mêleront en bouche pour offrir une finale longue et éclatante. Sublime !

EN RÉSUMÉ

- liqueur de gentiane

CROTTIN DE CHAVIGNOL

LE CROTTIN DE CHAVIGNOL EST UN FROMAGE À LA PÂTE ASSEZ FERME, FABRIQUÉ AVEC DU LAIT ENTIER CRU DE CHÈVRE. S'IL TIRE SON NOM DU VILLAGE DE CHAVIGNOL, DANS LE SANCERROIS, DONT IL EST ORIGINAIRE, IL PEUT TOUTEFOIS ÊTRE PRODUIT SUR UNE ZONE D'APPELLATION DE 550 000 HECTARES. TERRITOIRE COUVRANT TOUT DE MÊME 214 COMMUNES SUR TROIS DÉPARTEMENTS.

À savoir

Il ne faut pas confondre les « pouillys » !

- *Le pouilly-fumé est un vin blanc sec de Loire, issu du cépage sauvignon.*
- *Le pouilly-sur-loire est un vin blanc sec de Loire issu du cépage chasselas.*
- *Le pouilly-fuissé est un vin blanc sec de Bourgogne, du Mâconnais précisément, et issu du cépage chardonnay.*
- *Le pouilly-loché et le pouilly-vinzelles sont deux vins blancs secs issus du cépage chardonnay, et voisins du pouilly-fuissé.*

ACCORD PARFAIT

L'accord classique se fera bien entendu sur une base régionale. L'intensité de ce fromage nécessite un blanc sec, de belle tension, et le **sancerre blanc** en est un parfait représentant. Son voisin, le **pouilly-fumé,** saura aussi se montrer efficace, avec une acidité et une minéralité prononcées, qui sauront mettre en avant la persistance en bouche du crottin.

EN RÉSUMÉ

- sancerre
- pouilly-fumé

ACCORDS ORIGINAUX

Quel que soit le vin que l'on choisira sur un crottin de Chavignol, il devra être vif et tranchant, avec une acidité bien présente. En restant sur le territoire de production, on pourra servir un **pouilly-sur-loire,** élaboré sur la même aire d'appellation que le pouilly-fumé, mais à partir de raisin chasselas, et non de sauvignon. Si l'on veut être plus aventureux, je conseillerais un **saint-pourçain blanc, à base de tressallier.** Ce cépage offre dans cette région des vins d'une belle tension, qui prendront parfaitement le relais d'un sancerre.

EN RÉSUMÉ

- pouilly-sur-loire
- saint-pourçain (tressallier)

ÉPOISSES

CE FROMAGE À PÂTE MOLLE ET CROÛTE LAVÉE, EST ISSU DE LAIT DE VACHE. IL TIRE SON NOM DE LA COMMUNE D'OÙ IL EST ORIGINAIRE, SITUÉE EN BOURGOGNE. SI SON ODEUR TRÈS FORTE, RAPPELLE CELLE DES SOUS-BOIS, SON GOÛT EST BEAUCOUP PLUS FIN ET DÉLICAT QU'IL N'Y PARAÎT. IL EST NOTAMMENT MARQUÉ PAR DES NOTES DE FRUITS SECS. EN BOUCHE, IL EST PLUTÔT SOUPLE ET ONCTUEUX.

ACCORD PARFAIT

Des vins de cette même région sauront être des parfaits compagnons. Les amateurs de blanc se laisseront séduire par un **bourgogne-hautes-côtes-de-beaune.** Le gras et la fraîcheur du chardonnay, avec ses notes florales et fruitées, mettront en avant les saveurs du fromage. Les aficionados du vin rouge ouvriront un vin de la Côte de Nuits. Un **marsannay,** par exemple, alliera à la perfection fruité, tanins souples et belle fraîcheur pour se rendre agréable sur l'époisses.

EN RÉSUMÉ

- bourgogne-hautes-côtes-de-beaune
- marsannay

ACCORDS ORIGINAUX

Un accord original peut se faire avec une **bière ambrée.** Son arôme puissant sera en adéquation avec les saveurs de l'époisses. Sa bulle assez vive, ainsi que son acidité viendront équilibrer la bouche face au gras du fromage. La légère amertume de la bière adoucira également le tout et prolongera les saveurs en bouche. Certaines brasseries produisent des bières plutôt acides qui sont élevées dans des barriques ayant préalablement contenu du vin. Leur accord avec l'époisses est étonnant !

EN RÉSUMÉ

- bière ambrée

MUNSTER

CE FROMAGE À PÂTE MOLLE ET CROÛTE LAVÉE EST RÉPUTÉ POUR SA FORCE DE GOÛT. IL EST PRODUIT EN ALSACE-LORRAINE, SUR SEPT DÉPARTEMENTS.
IL FAUT DISTINGUER DEUX TYPES DE FROMAGE : LE MUNSTER FERMIER, ISSU DE LAIT CRU ENTIER D'UNE SEULE FERME, SANS CONSERVATEUR, NI COLORANT, ET MIS EN CAVE AU MINIMUM VINGT ET UN JOURS. LE MUNSTER INDUSTRIEL, ISSU D'UN MÉLANGE DE LAITS PASTEURISÉS ÉCRÉMÉS. SON AFFINAGE EST PLUS COURT CAR ON UTILISE UN AGENT CONSERVATEUR AINSI QU'UN COLORANT.

ACCORD PARFAIT

Pour accompagner ce fromage souple, moelleux et très aromatique, l'accord régional avec un **gewurztraminer** sera parfait. Les notes florales et de cumin se mettront en harmonie avec le munster. La rondeur et l'acidité du vin blanc prolongeront encore l'aromatique en bouche.

EN RÉSUMÉ

- alsace gewurztraminer

ACCORDS ORIGINAUX

Pour rester dans l'accord local, on pourra servir un spiritueux, en l'occurrence un **marc de gewurztraminer.** Cette eau-de-vie est souvent utilisée pour frotter la croûte du fromage car elle se marie parfaitement bien en termes d'arômes. Partant de ce constat, l'accord munster/marc de gewurztraminer se révèle être un choix judicieux. Les arômes se complètent et la douceur de l'alcool dompte le goût du fromage. Un accord à la fois tout en puissance mais d'une élégance rare !

EN RÉSUMÉ

- marc de gewurztraminer

À savoir

L'eau-de-vie marc de gewurztraminer est obtenue par la distillation du marc de raisin de cépage gewurztraminer. Celui-ci correspond aux restes du pressurage (peaux, rafles, pépins...). La distillation se fait en deux chauffes lentes dans un alambic en cuivre, afin d'obtenir une eau-de-vie très aromatique, douce et à la fois persistante en bouche.

ROQUEFORT

CE FROMAGE À PÂTE PERSILLÉE EST ÉLABORÉ EXCLUSIVEMENT AVEC DU LAIT CRU DE BREBIS. SI LA ZONE DE COLLECTE DU LAIT EST ASSEZ ÉTENDUE, CELLE DE L'AFFINAGE EST LIMITÉE EXCLUSIVEMENT À LA COMMUNE DE ROQUEFORT-SUR-SOULZON, ET PLUS PRÉCISÉMENT À LA ZONE DES ÉBOULIS DE LA MONTAGNE DU COMBALOU. EN EFFET, LES CAVITÉS CRÉÉES PAR CES AFFAISSEMENTS OFFRENT UNE TEMPÉRATURE ET UNE HYGROMÉTRIE PARTICULIÈRES, PROPICES À L'ÉLABORATION DE CE FROMAGE. LE FROMAGE EST AFFINÉ AU MINIMUM QUATORZE JOURS DANS CES CAVES NATURELLES, AVANT D'ENTAMER UNE MATURATION PLUS OU MOINS LONGUE DANS DES ENTREPÔTS RÉFRIGÉRÉS, AVANT SA COMMERCIALISATION. LE ROQUEFORT OFFRE EN BOUCHE UN CARACTÈRE TRÈS FONDANT, AVEC UN LÉGER GOÛT DE MOISISSURE ET UNE NOTE FINALE SALÉE.

ACCORD PARFAIT

Pour l'accompagner, on pourra servir un vin banc moelleux. La douceur du vin s'accommodera de la puissance du fromage. Un **jurançon moelleux** sera parfait car il apportera un équilibre certain, grâce à une belle acidité qui atténuera le côté sucré. Il est également possible de servir un vin doux naturel avec le même objectif : puissance, sucrosité et équilibre. Un **maury rouge** sera parfait

EN RÉSUMÉ

- jurançon moelleux
- maury rouge

ACCORDS ORIGINAUX

Pour un accord moins conventionnel, je me suis intéressé à nos voisins anglais qui ont l'habitude de servir du porto avec le Stilton (fromage britannique à pâte persillée, à base de lait de vache). Et bien, un **porto rouge tawny** ou **vintage** apportera la puissance pour rivaliser avec celle du fromage, tout en ayant un côté doux qui se mariera à la perfection avec le roquefort.

On peut également réaliser un accord surprenant en choisissant d'ouvrir une **bière** et plus particulièrement une **stout,** c'est-à-dire une bière brassée à partir d'un moût très riche en grains, eux-mêmes fortement torréfiés. Sa puissance se satisfera de celle du fromage. Enfin, ses parfums de torréfaction et de chocolat amer en bouche apporteront de la complexité et se feront l'écho des notes de moisissures présentes sur notre fromage de Roquefort. Un très bel accord !

EN RÉSUMÉ

- porto rouge tawny ou vintage
- bière stout

SAINT-NECTAIRE

FROMAGE À PÂTE PRESSÉE NON CUITE, LE SAINT-NECTAIRE PEUT ÊTRE « FERMIER » S'IL EST FABRIQUÉ AU LAIT CRU, OU « LAITIER », SI SA FABRICATION PROVIENT DE LAIT PASTEURISÉ. PRODUIT SUR UNE ZONE SITUÉE À CHEVAL ENTRE LE CANTAL ET LE PUY-DE-DÔME, CE FROMAGE DOIT ÊTRE AFFINÉ AU MINIMUM VINGT-HUIT JOURS.

ACCORD PARFAIT

Pour trouver le vin qui s'accommodera le mieux, il faudra prendre en compte sa finesse et ses saveurs particulières, notamment son goût de noisette bien spécifique. On pourra servir un vin blanc à base de viognier, comme un **condrieu.** On jouera alors sur l'accord ton sur ton. En revanche, si on choisit de lui enlever sa croûte pour le déguster, le saint-nectaire est l'un des fromages les plus faciles à accompagner d'un vin rouge. On le choisira fruité, de belle puissance, mais avec des tanins fondus par l'évolution. Un **saint-émilion d'une dizaine d'années** sera alors parfait dans ce rôle.

EN RÉSUMÉ

- condrieu

Si on retire la croûte du fromage :

- saint-émilion d'une dizaine d'années

ACCORDS ORIGINAUX

Si le saint-nectaire est servi seul, on tentera un accord exceptionnel, que l'on réalisera non pas avec un vin... mais avec un **whisky.** On prendra soin de le choisir avec une grande finesse d'alcool, sur des notes de malts, et pourquoi pas un peu végétal. Des notes épicées pourront également apporter une touche gustative supplémentaire. Grâce son côté onctueux, frais et ses notes de fruits secs, l'**Armorik Classic,** whisky breton de la distillerie Warenghem, s'avèrera être une superbe surprise !

EN RÉSUMÉ

- whisky Armorik Classic

Astuce

Lorsque l'on sert un whisky dans un verre, il se crée en surface une pellicule invisible d'alcool qui bloque les arômes. Je vous conseille donc de verser quelques gouttes d'eau fraîche sur la paroi du verre : la couche d'alcool va se disperser au contact de l'eau, autorisant le nez à percevoir beaucoup plus nettement les parfums ; et ceci ne changera en rien la perception en bouche du whisky !

VALENÇAY

J'AI CHOISI DE VOUS PARLER DE VALENÇAY CAR, CAS UNIQUE EN FRANCE, IL EXISTE UNE AOP EN FROMAGE ET UNE EN VIN PROVENANT TOUTES DEUX DU VILLAGE ÉPONYME, SITUÉ DANS LE BERRY. LE FROMAGE DE VALENÇAY EST UNE PÂTE MOLLE À CROÛTE FLEURIE, ET EST ÉLABORÉ À PARTIR DE LAIT DE CHÈVRE. ON LE RECONNAÎT À SA FORME DE PYRAMIDE. SA TEXTURE EST FINE, ONCTUEUSE ET FRAÎCHE. SA FINALE EST PERSISTANTE SUR DES NOTES DE NOISETTES.

À savoir
Le côt, le malbec et l'auxerrois sont un seul et même cépage, mais qui porte un nom différent selon sa région de production.

ACCORD PARFAIT

Quoi de mieux pour accommoder ce fromage qu'un vin blanc issu de la même commune ? Vinifié à partir des cépages sauvignon et chardonnay, les cuvées de **valençay blanc** apportent des notes d'agrumes acidulés, liées au sauvignon, et de la rondeur et de la finesse grâce au chardonnay, un assemblage parfait sur le fromage homonyme. Pour rester dans la région proche, on pourra également servir un verre de **cour-cheverny,** vin blanc issu uniquement du cépage romorantin.

EN RÉSUMÉ
- valençay
- cour-cheverny

ACCORDS ORIGINAUX

Si l'accord avec le valençay blanc est pour moi idéal, on pourra également servir un **valençay rouge.** Ce vin, issu de cépages comme le gamay, le pinot noir ou encore le côt, est marqué par les fruits rouges. Il possède également une belle trame acide, ainsi qu'une belle finesse de tanins, pour s'accommoder au mieux du fromage de la région dont il est issu.

EN RÉSUMÉ
- valençay

FROMAGES

Beaufort	vin-de-savoie-chignin-bergeron / condrieu / jerez fino (Espagne)
Bleu de Gex	coteaux-de-l'aubance / pacherenc-du-vic-bilh / maury
Brillat-Savarin	champagne brut sans année · saussignac · bière blonde d'abbaye
Brocciu	vin-de-corse-calvi / alsace muscat sec grand cru · muscat-du-cap-corse
Camembert cuit à la braise	champagne blanc de blancs / crémant-de-bourgogne · pouilly-fuissé
Cantal	saint-pourçain · saint-pourçain / vin-de-savoie-mondeuse
Chabichou du Poitou	orléans / haut-poitou / cheverny
Chaource	champagne brut sans année · petit-chablis · côtes-du-jura
Chèvre frais	saint-véran / sancerre / sauvignon malborough (Nouvelle-Zélande)
Faisselle	bourgogne-aligoté / vin-de-savoie-abymes / vin-de-savoie-cruet
Gaperon	côtes-d'auvergne-châteaugay / côtes-d'auvergne-madargues / madiran
Laguiole	condrieu / montlouis-sur-loire / côtes-du-jura
Mont d'Or	mâcon-solutré-pouilly · champagne blanc de blancs · alsace pinot noir
Morbier	roussette-de-savoie / l'étoile (Jura) / vin-de-savoie-chignin
Ossau Iraty	irouléguy / jurançon sec / pessac-léognan
Pélardon	costières-de-nîmes / faugères · faugères
Reblochon	vin-de-savoie-chignin-bergeron / crozes-hermitage · bière brune
Rigotte de Condrieu	condrieu / viognier (Pays d'oc) / château-grillet
Tomme de Savoie	roussette-de-savoie · champagne blanc de noirs · bugey

DESSERTS

LE OU LES DESSERTS VONT TERMINER LE REPAS. ILS PEUVENT AVOIR DE MULTIPLES SAVEURS, DIFFÉRENTES TEXTURES ET ÊTRE PLUS OU MOINS SUCRÉS. TOUT CECI SERA À PRENDRE EN COMPTE POUR EFFECTUER DE BEAUX ACCORDS.
ON SE PRÉOCCUPERA AUSSI DE LA CHRONOLOGIE DU SERVICE DES VINS. EN ARRIVANT SUR LA FIN, C'EST L'OCCASION DE FAIRE LA PART BELLE AUX VINS MOELLEUX, AUX VINS DOUX NATURELS, AUX VINS DE LIQUEURS, ET POURQUOI PAS AUX ALCOOLS FORTS. ON TERMINE LE REPAS EN BEAUTÉ ET LES PAPILLES ONT ÉTÉ PRÉPARÉES TOUT AU LONG DU REPAS À CETTE FINALE SUR LA PUISSANCE ET L'EXUBÉRANCE. ATTENTION TOUTEFOIS À CE QUE LE DESSERT PUISSE RÉSISTER À CETTE APOTHÉOSE, SANS ÊTRE DÉVALUÉ.
ON POURRA ÉGALEMENT SERVIR DES VINS EFFERVESCENTS, MAIS JE NE SUIS PAS UN AMATEUR DE CHAMPAGNE EN FIN DE REPAS. ON ESSAIERA DONC DE PRIVILÉGIER DES PÉTILLANTS DEMI-SECS, CAR LES PAPILLES NE SONT PAS PRÊTES À UN EFFERVESCENT TROP BRUT À CAUSE, ENCORE UNE FOIS, DE LA GRADATION DES VINS ET BOISSONS SERVIS TOUT AU LONG DU REPAS.

BÂTONNETS AUX NOIX

IL S'AGIT D'UN GÂTEAU AUX NOIX QUI SERA DÉCOUPÉ EN BÂTONNETS POUR LE SERVICE, D'OÙ SON NOM ! LA RECETTE, SIMPLE, CONSISTE À MÉLANGER D'UNE MANIÈRE PRÉCISE DES ŒUFS, DU SUCRE, DU BEURRE, DE LA FARINE ET BIEN SÛR DES NOIX. SI CELLES-CI SONT RÉDUITES EN POUDRE, LES BÂTONNETS SERONT PLUS MOELLEUX. MAIS SI LES NOIX SONT SIMPLEMENT CONCASSÉES, ELLES APPORTERONT UN CÔTÉ CROQUANT FORT AGRÉABLE. SUR LE DESSUS DE CE DESSERT, ON DISPOSE GÉNÉRALEMENT UN GLAÇAGE (MÉLANGE DE JAUNE D'ŒUF ET DE SUCRE GLACE), QUI AMÈNERA DE LA FRAÎCHEUR ET DU FONDANT.

ACCORD PARFAIT

La difficulté de l'accord est liée à la noix, qui est très difficile à accompagner. Une façon simple et qui fonctionne bien, sera de jouer le ton sur ton en dégustant un verre de **vin jaune.** Ce **vin du Jura, issu du cépage savagnin,** va développer lors de son long élevage sous voile, des notes de noix spécifiques. Le service d'un **vin blanc du Jura non ouillé** sera également possible. Le mariage aromatique sera parfait, et l'acidité du vin mettra en valeur le moelleux et la richesse des bâtonnets.

EN RÉSUMÉ

- vin jaune du Jura
- vin du Jura non ouillé

À savoir

Il est préconisé d'ouvrir une bouteille de vin jaune deux heures avant le service. On le servira chambré (16-17 °C), plutôt qu'à la température habituelle d'un vin blanc.

ACCORDS ORIGINAUX

Pour accompagner les bâtonnets aux noix, on peut aussi partir en Espagne, dans la région de Xérès, où certains vins développent des notes de rancio, qui se marieront à la perfection avec notre dessert. On pourra alors servir un **oloroso seco,** qui aura vieilli en barrique de manière oxydative, et qui ne sera de fait pas trop surchargé en sucre. Les notes de noix et noisettes rances s'accorderont à la perfection avec nos bâtonnets, tandis que le gras et la forte acidité du vin équilibreront la bouche. Une dégustation à tenter !

EN RÉSUMÉ

- oloroso seco (Espagne)

BLANC-MANGER À LA NOIX DE COCO

CETTE RECETTE, DONT LES ORIGINES RESTENT FLOUES, EST AUJOURD'HUI UNE SPÉCIALITÉ ANTILLAISE. IL S'AGIT DE LAIT DE COCO ÉPAISSI AVEC DE LA FÉCULE OU AVEC DE LA GÉLATINE. CET ENTREMETS DOIT SON NOM À SON EXTRÊME BLANCHEUR. EN BOUCHE, IL SE PRÉSENTE UN PEU COMME UN FLAN, MAIS IL EST PLUS FONDANT, ET SURTOUT MOINS CONSISTANT CAR IL EST RÉALISÉ SANS ŒUFS ! VOICI UN DESSERT FRAIS ET LÉGER, PARFAIT POUR TERMINER UN REPAS ESTIVAL TOUT EN VARIANT PAR RAPPORT AUX GLACES AUXQUELLES ONT POURRAIT ÊTRE HABITUÉ !

ACCORD PARFAIT

Pour cet accord, on pourra bien entendu rester aux Antilles et servir un rhum agricole. On prendra soin de se faire conseiller un **rhum vieux** (donc ayant vieilli au moins 36 mois en fût), avec des notes assez douces. On évitera les rhums trop secs. Personnellement, le **VSOP de la distillerie Severin en Guadeloupe** me semble adapté à notre dessert : l'eau-de-vie est ronde, douce, et ses parfums de fruits exotiques et de crème pâtissière se révèlent idéaux sur le blanc-manger coco.

EN RÉSUMÉ

rhum vieux (par exemple VSOP de la distillerie Severin en Guadeloupe)

ACCORDS ORIGINAUX

Pour contrebalancer le côté gélatineux du blanc-manger, il est possible de servir un vin blanc sec, assez gras et bien équilibré. Le cépage chardonnay offre de belles garanties, si on le choisit dans le Mâconnais. Un **pouilly-loché** saura apporter la fraîcheur nécessaire, tout en amenant des parfums exotiques, notamment l'ananas, qui complétera à merveille les saveurs de coco. On essaiera de choisir un vin qui n'aura pas été élevé en fût, afin de préserver au maximum les saveurs et la tension.

EN RÉSUMÉ

- pouilly-loché non élevé en fût

CHARLOTTE AUX FRAISES

LA CHARLOTTE EST UN ENTREMETS COMPOSÉ DE BISCUITS À LA CUILLER (OU BOUDOIRS) QUE L'ON DISPOSE SUR LE TOUR D'UN MOULE SPÉCIFIQUE, ET D'UNE CRÈME (LE PLUS SOUVENT BAVAROISE) AUX FRAISES, QUE L'ON PLACE DANS LE MOULE TAPISSÉ DE BISCUITS. ON Y INCORPORE GÉNÉRALEMENT DES MORCEAUX DE FRUITS, AFIN D'AMENER D'AUTRES TEXTURES, ET SURTOUT PLUS DE GOÛT. IL S'AGIT D'UN DESSERT FRAIS QUI AURA LE MÉRITE D'APPORTER DE LA LÉGÈRETÉ EN FIN DE REPAS. IL S'ADAPTERA FACILEMENT À D'AUTRES FRUITS EN FONCTION DES SAISONS. ON PEUT MÊME RÉALISER UNE CHARLOTTE AU CHOCOLAT POUR LES PLUS GOURMANDS !

ACCORD PARFAIT

Ce dessert est marqué par ses notes de fruits rouges imposantes et sa légèreté, deux aspects qui pourront être soulignés en servant un **champagne rosé.** Son acidité et sa bulle vive vont permettre d'apporter de la fraîcheur et raviver les papilles. Les arômes de fruits rouges intenses, apportés par les cépages utilisés et la vinification spécifique au rosé, sauront se mettre au diapason des fraises du dessert. Un accord ton sur ton qui fonctionnera à merveille. Servir un **cerdon,** rosé pétillant demi-sec à l'aromatique fruits rouges très typée, et remarquable par sa fraîcheur et son faible degré alcoolique (7-8 °C), pourra s'avérer être un choix judicieux en fin de repas.

EN RÉSUMÉ

- champagne rosé
- cerdon

ACCORDS ORIGINAUX

Pour étonner les invités, tout en ne s'éloignant pas des critères définis précédemment, c'est à dire sur une boisson pétillante marquée par les fruits rouges et dotée une belle fraîcheur, je vous conseille d'essayer une bière. On servira ici une **bière aromatisée comme une kriek,** qui est douce et sans amertume. Son faible degré alcoolique sera lui aussi un atout en fin de repas. Associer dessert et bière... difficile de faire plus surprenant ! Pour le service de cette bière, on choisira un verre adapté, et une température comprise entre 4 et 6 °C.

Si l'on ne veut en revanche pas jouer sur la fraîcheur mais plutôt sur un côté sucré pour le dessert, il est possible de servir un vin rosé demi-sec qui n'aura pas été élevé en barrique. Le **cabernet-d'anjou, rosé demi-sec de Loire,** apportera les notes de fruits rouges recherchées, ainsi qu'un peu de douceur. Attention, dans cet accord précis, la sucrosité du rosé devra être bien équilibrée par la trame acide du vin, car sinon, on risque une saturation des papilles.

EN RÉSUMÉ

- bière aromatisée comme une kriek
- cabernet-d'anjou

GÂTEAU AU BEURRE SALÉ

CETTE RECETTE REPREND LES BASIQUES DE LA PÂTISSERIE : UN MÉLANGE DE FARINE, D'ŒUFS, DE SUCRE, DE LEVURE ET DE BEURRE. SA PARTICULARITÉ RÉSIDE DANS L'UTILISATION DE BEURRE DEMI-SEL, EN REMPLACEMENT DU BEURRE DOUX TRADITIONNEL. CELA VA LUI AMENER DU PEPS, ET UNE PETITE POINTE SALINE QUI EN FERA UN GÂTEAU ORIGINAL !

ACCORD PARFAIT

Pour respecter la chronologie de service des vins qui est souvent observée (effervescent, blanc, rouge, moelleux), il serait logique de servir un vin doux qui viendra jouer avec le sel en bouche pour un parfait équilibre. Pour ne pas masquer la finesse des saveurs, on le choisira blanc de préférence. Un **floc-de-gascogne** ou un **pineau-des-charentes** seront parfaits dans ce rôle.

EN RÉSUMÉ

- floc-de-gascogne blanc
- pineau-des-charentes blanc

À savoir

Le floc-de-gascogne et le pineau-des-charentes sont deux vins de liqueur : le moût de raisin est muté avec une eau-de-vie jeune, afin de préserver sucrosité et fraîcheur. Le floc est muté à l'armagnac tandis que le pineau est muté au cognac.

ACCORDS ORIGINAUX

Il est possible de se faire plaisir en juxtaposant les saveurs du beurre salé à celles d'un **whisky tourbé.** La douceur de l'alcool sera primordiale dans cet accord audacieux, tout comme la finesse de la tourbe, qui ne devra pas masquer les saveurs du dessert. Un **benromach dix ans,** distillé dans la région des Speysides, en Écosse, saura être un parfait compagnon car il allie finesse, fruité et tourbe élégante !

EN RÉSUMÉ

- whisky tourbé (par exemple un benromach dix ans)

ÎLE FLOTTANTE

ÉGALEMENT APPELÉ « ŒUFS À LA NEIGE », CE DESSERT EST UNE RECETTE DE TRADITION FRANÇAISE. IL S'AGIT D'UNE CRÈME ANGLAISE CLASSIQUE, SUR LAQUELLE ON DÉPOSE DÉLICATEMENT DES BLANCS D'ŒUFS PRÉALABLEMENT MONTÉS EN NEIGE ET CUITS DANS DU LAIT. ON PEUT AGRÉMENTER CETTE ÎLE FLOTTANTE, AU MOMENT DU SERVICE, D'UN NAPPAGE AU CARAMEL, VOIRE AU CHOCOLAT POUR LES ADEPTES !

ACCORD PARFAIT

Pour accompagner ce dessert classique de notre gastronomie, on privilégiera un vin doux très aromatique, comme un **muscat-de-lunel** ou encore un **banyuls blanc.** La sucrosité et la persistance aromatique seront un complément idéal. On prendra soin de le choisir bien équilibré par une tension acide pour ne pas être écœurant en fin de repas.

EN RÉSUMÉ

- muscat-de-lunel
- banyuls blanc

ACCORDS ORIGINAUX

Pour être surprenant, il est possible de servir un vin d'exception, en ouvrant une bouteille assez rare d'**hermitage blanc - vin de paille.** Produit seulement dans des millésimes remarquables à partir de marsanne et d'un peu de roussanne, ce vin de paille rhodanien utilise les méthodes jurassiennes. Le passerillage par séchage des raisins donne un vin plein, riche, d'une aromatique complexe et intense. La longueur finale, équilibrée, est interminable. Un accord sublime mais, il faut le reconnaître, un peu coûteux.

EN RÉSUMÉ

- hermitage blanc - vin de paille

MI-CUIT AU CHOCOLAT

CETTE RECETTE PORTE BIEN SON NOM, PUISQU'IL S'AGIT D'UN GÂTEAU AU CHOCOLAT, À PEINE CUIT. ON L'APPELLE AUSSI « MOELLEUX » (POUR UNE CUISSON LÉGÈREMENT PLUS LONGUE), OU ENCORE « COULANT AU CHOCOLAT ». LE POURCENTAGE DE CACAO CONTENU DANS LE CHOCOLAT UTILISÉ POUR LA PRÉPARATION APPORTERA PLUS OU MOINS DE PUISSANCE À NOTRE DESSERT. LA QUANTITÉ GÉNÉREUSE DE BEURRE LUI CONFÈRE TOUTE SA DOUCEUR ET SON ONCTUOSITÉ. UN DESSERT GOURMAND ET RICHE, DONT IL NE FAUT PAS ABUSER CAR IL SATURE VITE LES PAPILLES !

ACCORD PARFAIT

Pour réaliser un accord intéressant, il faudra tenir compte à la fois du côté sucré, mais aussi de la puissance et de l'amertume apportée par le chocolat. C'est le moment de sortir vos bouteilles de vin doux naturel. Ce sont des **vins dits « mutés ».** En cours de fermentation, on réalise un mutage en ajoutant de l'alcool (eau-de-vie essentiellement) sur le moût pour stopper celle-ci. On obtient alors un vin fruité, avec des sucres résiduels, qui s'avérera un peu plus fort en alcool. Sur un dessert au chocolat, on privilégiera un **maury** ou un **banyuls, en rouge.** À l'étranger, on servira volontiers un **porto rouge.**

EN RÉSUMÉ

- maury ou banyuls rouge
- porto rouge

ACCORDS ORIGINAUX

On sait que le chocolat se marie avec les arômes de fruits rouges. Pour allier fruits rouges, sucrosité et fraîcheur, et afin d'éviter la saturation des papilles, un **cerdon** sera parfait. Il s'agit un rosé effervescent demi-sec, produit dans le Bugey, à partir des cépages gamay et poulsard, dont les caractéristiques aromatiques et de texture en feront le parfait compagnon du mi-cuit au chocolat. Un véritable délice !

Le repas touchant à sa fin, on pourra ici se permettre aisément un alcool fort. Un accord hors des sentiers battus pourra alors également se réaliser avec un spiritueux, et particulièrement un **bourbon.** Provenant des États-Unis, ce whisky a la particularité d'être produit avec au minimum 51 % de maïs, et d'être vieilli au moins deux ans en fûts de chêne neufs pour obtenir l'appellation « Straight Bourbon ». Celui-ci offre une eau-de-vie souple, un peu épaisse, avec de fortes notes de torréfaction, qui se marient très bien avec le chocolat. Un bon moyen de finir un repas en beauté !

EN RÉSUMÉ

- △ cerdon
- ⬡ bourbon

POIRES AU VIN ROUGE

LES POIRES AU VIN ROUGE SONT UNE RECETTE TRADITIONNELLE DU BEAUJOLAIS. IL FAUT TOUT D'ABORD CHOISIR DES POIRES ASSEZ FERMES, ET PAS TROP MÛRES. CELLES-CI SONT POCHÉES DANS UNE PRÉPARATION À BASE DE VIN, DE SUCRE, DE CANNELLE ET DE JUS DE CITRON. POUR LE SERVICE, ON PEUT FAIRE RÉDUIRE LE JUS (AFIN QU'IL ÉPAISSISSE), ET EN NAPPER LES POIRES. NOUS AVONS LÀ UN DESSERT ORIGINAL, QUI A MALHEUREUSEMENT PERDU DE SON CHARME SUR LES DERNIÈRES DÉCENNIES, ET QUI A POURTANT LE MÉRITE D'ALLIER PLUSIEURS TEXTURES ET SAVEURS, POUR LE PLUS GRAND PLAISIR DE NOS PAPILLES !

ACCORD PARFAIT

L'accord régional est bien sûr évident, car on va servir un vin rouge gouleyant, fruité, sans tanins excessifs. Un **beaujolais** répondra donc parfaitement à ces contraintes. Le but est ici de ne pas abîmer la texture et les saveurs du dessert, mais simplement d'apporter du fruit et de l'acidité pour équilibrer ce dernier. À découvrir, ou redécouvrir ! Il sera possible de remplacer le beaujolais par un **bourgogne-passetoutgrain sur les fruits et non élevé en barrique.**

EN RÉSUMÉ

- beaujolais
- bourgogne-passetoutgrain sur les fruits et non élevé en barrique

ACCORDS ORIGINAUX

Lorsque je pense vin rouge sec, léger, fruité et non élevé en fût, j'ai envie de partir en Italie, et ouvrir une bouteille de **bardolino.** Tout comme le beaujolais, sa gourmandise et son acidité sauront mettre en valeur la poire au vin rouge. On prendra soin de le servir un peu frais, aux alentours de 15 °C, pour l'apprécier au mieux.

EN RÉSUMÉ

- bardolino (Italie)

SORBET AUX FRUITS ROUGES

CONTRAIREMENT À LA GLACE, LE SORBET NE CONTIENT QUE DES FRUITS FRAIS MIXÉS ET DU SIROP DE SUCRE. IL N'Y A NI LAIT, NI CRÈME, NI ŒUFS DANS SA COMPOSITION. C'EST POUR CELA QU'IL EST PLUS LÉGER ET PLUS DIGESTE QUE LA CRÈME GLACÉE. PRÉPARÉ AVEC DES FRUITS FRAIS, LE SORBET EST TRÈS GOÛTEUX, AVEC UNE LÉGÈRE ACIDITÉ, QUI PERMET DE RAFRAÎCHIR LES PAPILLES EN FIN DE REPAS !

ACCORD PARFAIT

Il n'est nullement question d'alourdir la fin de repas avec le vin mais, au contraire, d'apporter du fruit et de la fraîcheur. On pourra bien évidemment servir un **champagne rosé,** un peu frais, qui amènera de la vivacité et des arômes de fruits rouges, complémentaires au sorbet. On prendra soin de choisir une cuvée gourmande qui ne sera pas marquée par un côté vineux qui viendrait gâcher cet accord intéressant.

EN RÉSUMÉ

△ champagne rosé

ACCORDS ORIGINAUX

Comme le cerdon sur la charlotte aux fraises, il est possible ici de servir un vin pétillant fruité, sucré et avec une bulle vive pour amener de la vivacité. Cela va équilibrer le dessert. On pourra alors servir un **lambrusco rouge,** vin pétillant italien légèrement sucré, issu du cépage lambrusco, dont le vin tire son nom. Son faible taux d'alcool, sa sucrosité légère et son effervescence seront parfaits sur le sorbet. À servir à une température comprise entre 5 et 7 °C.

EN RÉSUMÉ

△ lambrusco rouge (Italie)

À savoir

Pour obtenir un lambrusco, les vignerons italiens embouteillent directement le vin une fois la fermentation du vin démarrée en cuve, sans attendre la fin de celle-ci. Ainsi, le sucre résiduel contenu dans la bouteille permet une seconde fermentation, qui est à l'origine de l'effervescence assez fine.

TIRAMISU AU CAFÉ

CE DESSERT DE TRADITION ITALIENNE EST ASSEZ RÉCENT PUISQU'IL DATE, D'APRÈS CERTAINES RECHERCHES, DES ANNÉES 1960. IL S'AGIT D'UN DESSERT « CRU », C'EST-À-DIRE QU'IL NE NÉCESSITE PAS DE CUISSON AU FOUR. ON SUPERPOSE DES COUCHES DE DIFFÉRENTES PRÉPARATIONS : UNE CRÈME AUX ŒUFS ET AU MASCARPONE, ET DES BISCUITS À LA CUILLER IMBIBÉS DE CAFÉ FROID. SAUPOUDRÉ DE CACAO EN FIN DE PRÉPARATION, CE PLAT MÉRITE DE PASSER UN LONG MOMENT AU RÉFRIGÉRATEUR AVANT D'ÊTRE DÉGUSTÉ !

ACCORD PARFAIT

Ce dessert est marqué par deux contraintes pour réaliser un bel accord : les arômes puissants de café, et la fraîcheur de service. Selon moi, le tiramisu est l'occasion de servir un vin sucré en fin de repas. Il faudra en revanche le choisir bien équilibré de façon à ne pas saturer les papilles et rendre le dessert écœurant. En France, un **coteaux-du-layon** ou un **coteaux-de-l'aubance,** deux vins de Loire moelleux produits à partir du cépage chenin, seront parfaits. On jouera ici sur le sucre et la belle acidité, mais aussi sur l'aromatique, avec des notes miellées et de pâte de coing, qui complèteront à merveille les saveurs du tiramisu.

EN RÉSUMÉ

- coteaux-du-layon
- coteaux-de-l'aubance

ACCORDS ORIGINAUX

Pour rappeler l'origine du dessert, pourquoi ne pas servir un vin italien ? On choisira ici un **vin de liqueur,** un marsala, prestigieuse production de la Sicile. Pour vinifier cette superbe boisson, on ramasse des raisins mûrs que l'on expose au soleil durant vingt-quatre à quarante-huit heures, afin de faire s'évaporer l'eau et de concentrer le sucre. Il existe différents types de marsala selon les cépages utilisés (blanc ou rouge), et le temps de vieillissement en fût de chêne. Le meilleur accord avec le tiramisu sera un **marsala sec** ou **amabile (demi-sec),** afin de ne pas surcharger le palais en sucre. En fin de repas, on pourra aussi jouer sur le parfum du tiramisu en ne servant ni un vin ni une liqueur, et encore moins un spiritueux, mais un **café,** tout simplement. On prendra toutefois soin de choisir un café de qualité chez un torréfacteur qui saura être de bon conseil. En effet, comme pour les vins, les crus sont différents et la dégustation est importante. On juge un café par son amertume, son acidité, sa rondeur, sa finale et ses arômes : un vocabulaire identique à celui de la dégustation de vin !

EN RÉSUMÉ

- marsala sec ou amabile (demi-sec)
- café de qualité

TARTE TATIN AUX POMMES ET À LA CANNELLE

IL S'AGIT D'UNE TARTE « RENVERSÉE » : LA PÂTE EST POSÉE SUR LES POMMES ET NON DESSOUS, COMME POUR UNE TARTE CLASSIQUE. LES FRUITS SONT PRÉALABLEMENT CARAMÉLISÉS DANS DU BEURRE ET DU SUCRE, AVANT LA CUISSON AU FOUR. CLASSIQUE DE LA GASTRONOMIE FRANÇAISE, LA TARTE TATIN EST SOUVENT ACCOMPAGNÉE D'UNE BOULE DE GLACE À LA VANILLE OU D'UN RAMEQUIN DE CRÈME FRAÎCHE.

ACCORD PARFAIT

Sur ce dessert, on servira un vin moelleux avec un bel équilibre. Un **coteaux-du-layon** ou un **quarts-de-chaumes,** vins de Loire issus du cépage chenin, seront parfaits. Les notes aromatiques de fruits confits, d'ananas rôti et de miel seront sublimées avec les saveurs de la tarte. L'acidité, liée à la présence de la pomme, sera équilibrée par le sucre du vin. Un bel accord et une belle occasion de servir un vin moelleux sans risquer de saturer les papilles.

EN RÉSUMÉ

- coteaux-du-layon
- quarts-de-chaume

ACCORDS ORIGINAUX

Cet accord va être inspiré par le ton sur ton qui évoluera autour de la pomme. Pour cela, on servira un spiritueux, et plus exactement un **calvados,** eau-de-vie de pomme produite dans la région d'où elle tire son nom. C'est la finesse de l'alcool et son degré élevé qui raviveront les papilles. Un accord de fin de repas qui sera idéal. Pour ceux qui craignent les alcools forts, on remplacera le calvados par un **cidre brut de Normandie.**

EN RÉSUMÉ

- calvados
- cidre brut de Normandie

DESSERTS

AUTRES ACCORDS

Babas au rhum	rhum paille / rhum vieux agricole · floc-de-gascogne
Brochettes de fruits exotiques	champagne brut · muscat-de-beaumes-de-venise / pineau-des-charentes
Brownies	rivesaltes ambré / porto rouge / banyuls-rimage
Bugnes lyonnaises	quarts-de-chaume / bonnezeaux / macvin-du-jura blanc
Café liégeois	liqueur de café / crème de whisky
Cake aux fruits	blanquette-de-limoux / clairette-de-die · muscat sec côtes-catalanes
Cannelés bordelais	cadillac / bergerac / barsac
Crème brûlée	muscat-de-lunel / pacherenc-du-vic-bilh / maury blanc
Crumble à la rhubarbe	crémant-de-loire · rosette · vin de rhubarbe des Vosges
Dés de fraises sur crème de basilic	cerdon / prosecco · porto ruby
Far breton	cabernet d'anjou · macvin du jura (vin de liqueur) · champagne rosé
Fondue au chocolat	maury rouge / banyuls grand cru · lambrusco (Italie)
Galette des rois	quarts-de-chaume / sauternes · champagne brut sans année
Gâteau aux poires et chocolat	poiré / · champagne demi-sec · loupiac
Macarons	champagne brut · alsace pinot gris vendanges tardives / alsace gewurztraminer
Mousse au chocolat	maury rouge / porto vintage · whisky speyside (Écosse)
Muffins aux myrtilles	cerdon/ prosecco · porto ruby
Omelette Norvégienne	arbois (vin de paille) / passito di pantelleria (Italie) / bonnezeaux
Pain perdu	coteaux-de-l'aubance / banyuls ambré / muscat-de-mireval
Panettone	prosecco di conegliano valdobbiadene (Italie) / moscato d'asti (Italie)
Paris-Brest	rasteau / porto LBV (Portugal)
Pêches au basilic	alsace muscat · steen late harvest (Afrique du Sud) / alsace gewurztraminer vendanges tardives
Poires farcies au pain d'épices	poiré · crémant-de-bourgogne · pacherenc-du-vic-bilh
Riz au lait	sauternes / muscat-du-cap-corse / vin de glace (Canada ou Autriche)
Salade de fruits	crémant-d'alsace · vouvray demi-sec / muscat-saint-jean-de-minervois
Tarte au citron meringuée	clairette-de-die / cava demi-sec ou doux (Espagne) · muscat-de-frontignan

INDEX DES VINS & autres boissons

BLANC MŒLLEUX/ VIN DOUX NATUREL/ VIN DE LIQUEUR

BLANC SEC

EFFERVESCENT

ROSÉ

ROUGE

BIÈRES ET AUTRES

SPIRITUEUX

INDEX DES PLATS

FROMAGES

DESSERTS

Crédits photographiques

Couverture : © Petite Souris Photographie

©Patrice Lariven : 10. **AdobeStock** – Africa Studio : 8-9 ; patm : 83 ; aleksakarina : 176-177 ; ALF photo : 155 ; Anatoly Repin : 126 ; annapustynnikova : 211 ; balbaz : 201 ; Brent Hofacker : 189 ; cec72 : 98-99 ; chandlervid85 : 38-39 ; chris3d : 17 ; Claude Calcagno : 162 ; Daniel Vincek : 213 ; dream79 : 85 ; FomaA : 160 ; George Dolgikh : 180-181 ; Greg Brave : 101 ; grinchh : 174 ; He2 : 190 ; Igor Normann : 72 ; imagesef : 91 ; irinagolera : 209 ; Jacques Palut : 110-111 ; karandaev : 151, 172 ; karepa : 146-147 ; larik_malasha : 165 ; Magr : 158-159 ; matousekfoto : 193 ; NoraDoa : 50 ; Olena : 205 ; OlgaKlochanko : 210 ; PHB.cz : 191 ; Punto Studio Foto AG : 67 ; ricka_kinamoto : 161 ; riko23 : 186 ; senal aksoy : 117 ; skampixelle : 206 ; sriba3 : 214 ; valya82 : 198-199 ; Wead : 43 ; weyo : 65. **Fotolia.com** – Agence DER : 144 ; FOOD-micro : 62. **Noël Itier :** 120, 182, 184. Patrice Lariven : 12. **Shutterstock.com** – Africa Studio : 80, 119 ; Alexandra-law1977 : 77 ; amixstudio : 73 ; Anna Hoychuk : 25 ; AS Food studio : 113, 118 ; bonchan : 23, 137 ; Brent Hofacker : 36, 129 ; CGissemann : 31 ; Dolly MJ : 79 ; Dream79 : 33 ; etorres : 169 ; Fanfo : 132 ; FloridaStock : 93 ; Foodpictures : 141 ; Foxys Forest Manufacture : 14, 20-21 ; fredredhat : 173 ; Gayane : 100 ; Gregory Gerber : 104-105 ; hlphoto : 35, 52, 82-83, 88-89, 96-97, 107, 122-123, 125, 143 ; Ievgenii Meyer : 26 ; Jacques PALUT : 131, 152-153 ; Jaime Pharr : 53 ; Joshua Resnick : 185 ; joysugarplum : 75 ; Julia Sudnitskaya : 46-47 ; Larisa Blinova : 56-57 ; Lesya Dolyuk : 149 ; Lisovskaya Natalia : 61 ; Mantas Bajalis : 87 ; margouillat photo : 51, 171, 207 ; Mariyana M : 134-135 ; Michael Vesia : 114 ; micmacpics : 27 ; minadezhda : 163 ; Natasha Breen : 45 ; Nina Buday : 209 ; nnattalli : 59 ; norikko : 103 ; pearl7 : 139 ; randy andy : 156 ; Ruslan Mitin : 70-71 ; sarsmis : 54 ; stockcreations : 64 ; Stockforlife : 49 ; Subbotina Anna : 42 ; Tommy Lee Walker : 94 ; Valerio Pardi : 167 ; xdrew : 161 ; zi3000 : 41. **Vivien Therme :** 68, 187, 194, 200.

Wikimedia commons :

p. 28-29 : Marie-Lan Nguyen - https://commons.wikimedia.org/w/index.php?curid=25586931
p. 63 : Peter Dutton - https://commons.wikimedia.org/wiki/File:Vouvray_Vineyard_after_budbreak.jpg
p. 183 : Thesupermat - https://commons.wikimedia.org/wiki/File:Wikicheese_-_Brie_de_Nangis_-_20150515_-_013.jpg
p. 188 : Art Anderson - https://commons.wikimedia.org/wiki/File:Crottin_de_Chavignol_-_panoramio.jpg
p. 192 : Thesupermat - https://commons.wikimedia.org/wiki/File:Wikicheese_-_Roquefort_-_20150417_-_007.jpg
p. 195 : Bserin - https://commons.wikimedia.org/wiki/File:Verre_d'Armorik.jpg
p. 196 : Frédérique Voisin-Demery - https://fr.wikipedia.org/wiki/Fichier:AOP_Valençay_fromage_-_coupé_bis.jpg
p. 203 : SKopp - https://commons.wikimedia.org/wiki/File:Blanc-manger_on_glass_platter,_full_view.jpg

Achevé d'imprimer par impression world
spol.S.R.O., Presov
Octobre 2021
Dépôt légal : septembre 2017